U0515123

2023 中财传媒版
年度全国会计专业技术资格考试辅导系列丛书·注定全赢®

初级会计实务
思维导图

财政部中国财经出版传媒集团　组织编写

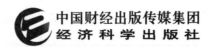

中国财经出版传媒集团
经济科学出版社

图书在版编目（CIP）数据

初级会计实务思维导图/财政部中国财经出版传媒
集团组织编写. ——北京：经济科学出版社，2022.11
（中财传媒版2023年度全国会计专业技术资格考试辅
导系列丛书. 注定会赢）
ISBN 978 – 7 – 5218 – 4231 – 9

Ⅰ. ①初… Ⅱ. ①财… Ⅲ. ①会计实务 – 资格考试 –
自学参考资料 Ⅳ. ①F233

中国版本图书馆 CIP 数据核字（2022）第 211635 号

责任校对：易　超
责任印制：李　鹏　邱　天

初级会计实务思维导图

CHUJI KUAIJI SHIWU SIWEI DAOTU

财政部中国财经出版传媒集团　组织编写
经济科学出版社出版、发行　新华书店经销
社址：北京市海淀区阜成路甲 28 号　邮编：100142
总编部电话：010 – 88191217　发行部电话：010 – 88191522
天猫网店：经济科学出版社旗舰店
网址：http://jjkxcbs.tmall.com
北京时捷印刷有限公司印装
787 × 1092　16 开　6.5 印张　130000 字
2023 年 1 月第 1 版　2023 年 1 月第 1 次印刷
ISBN 978 – 7 – 5218 – 4231 – 9　定价：36.00 元
（图书出现印装问题，本社负责调换。电话：010 – 88191510）
（打击盗版举报热线：010 – 88191661，QQ：2242791300）

前　言

2023年度全国会计专业技术初级资格考试大纲已经公布，辅导教材也已正式出版发行。与上年度相比，新考试大纲及辅导教材的内容发生了较大变化。为了帮助考生准确理解和掌握新大纲和新教材的内容、顺利通过考试，中国财经出版传媒集团本着对广大考生负责的态度，严格按照新大纲和新教材内容，组织编写了中财传媒版2023年度全国会计专业技术资格考试辅导"注定会赢"系列丛书。

该系列丛书包含8个子系列，共16本图书，具有重点把握精准、难点分析到位、题型题量丰富、模拟演练逼真等特点。本书属于"思维导图"子系列，每本书紧扣最新大纲和教材，用图形总结知识点，框架清晰明朗，打造结构化思维，让复习变得简单高效。

中国财经出版传媒集团旗下"注定会赢"微信公众号为购买本书的考生提供网上后续服务。考生通过扫描封面下方的二维码并关注后，可免费享有前导课、高频考点串讲、学习答疑、每日一练等增值服务。

全国会计专业技术资格考试是我国评价选拔会计人才、促进会计人员成长的重要渠道，也是落实会计人才强国战略的重要措施。希望广大考生在认真学习教材内容的基础上，结合本丛书准确理解和全面掌握应试知识点内容，顺利通过考试，不断取得更大进步，为我国会计事业的发展作出更大贡献！

书中如有疏漏和不当之处，敬请批评指正。

财政部中国财经出版传媒集团

2023年1月

目 录

第一章 概述

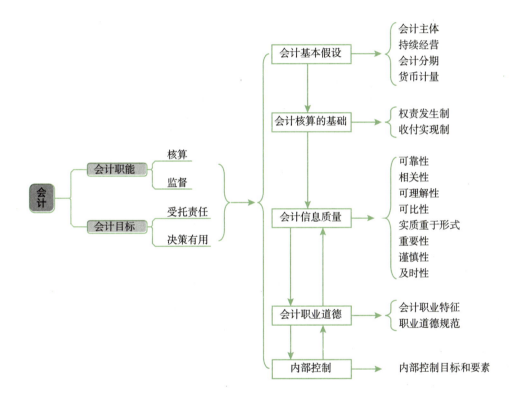

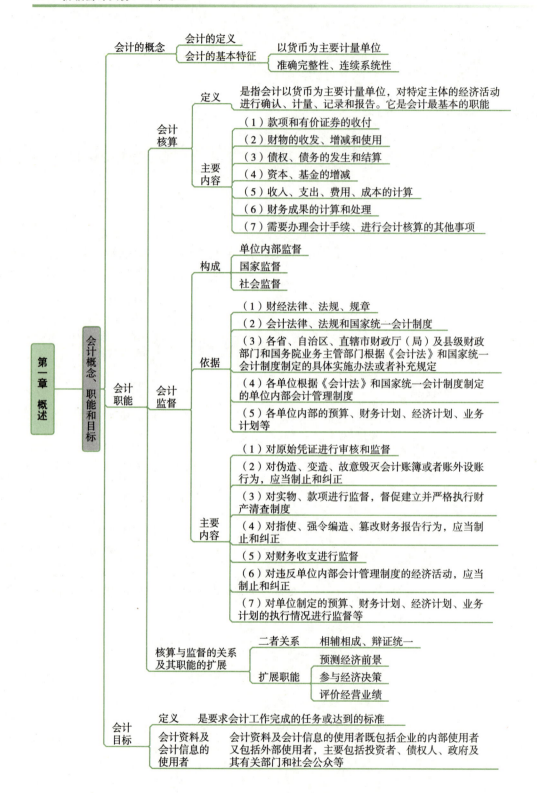

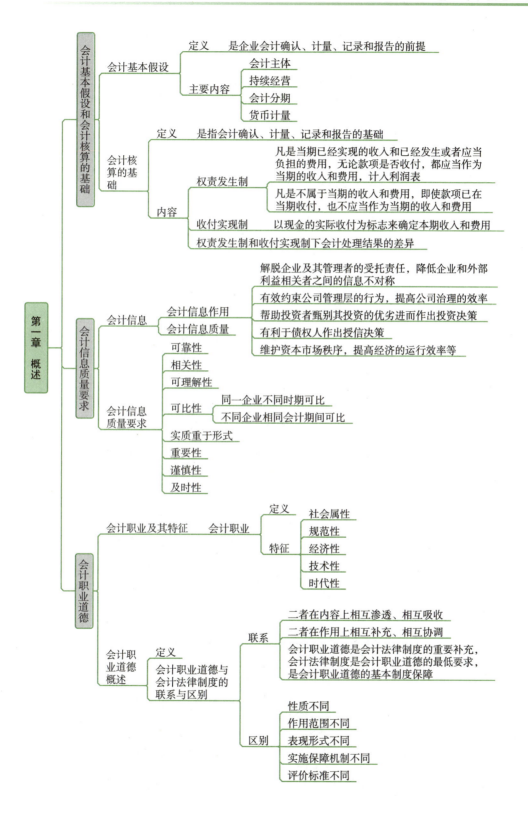

会计基本假设和会计核算的基础
- 会计基本假设
  - 定义　是企业会计确认、计量、记录和报告的前提
  - 主要内容
    - 会计主体
    - 持续经营
    - 会计分期
    - 货币计量
- 会计核算的基础
  - 定义　是指会计确认、计量、记录和报告的基础
  - 内容
    - 权责发生制
      - 凡是当期已经实现的收入和已经发生或者应当负担的费用，无论款项是否收付，都应当作为当期的收入和费用，计入利润表
      - 凡是不属于当期的收入和费用，即使款项已在当期收付，也不应当作为当期的收入和费用
    - 收付实现制　以现金的实际收付为标志来确定本期收入和费用
    - 权责发生制和收付实现制下会计处理结果的差异

第一章 概述

会计信息质量要求
- 会计信息
  - 会计信息作用
    - 解脱企业及其管理者的受托责任，降低企业和外部利益相关者之间的信息不对称
    - 有效约束公司管理层的行为，提高公司治理的效率
    - 帮助投资者甄别其投资的优劣进而作出投资决策
  - 会计信息质量
    - 有利于债权人作出授信决策
    - 维护资本市场秩序，提高经济的运行效率等
  - 会计信息质量要求
    - 可靠性
    - 相关性
    - 可理解性
    - 可比性
      - 同一企业不同时期可比
      - 不同企业相同会计期间可比
    - 实质重于形式
    - 重要性
    - 谨慎性
    - 及时性

会计职业道德
- 会计职业及其特征
  - 会计职业
    - 定义
    - 特征
      - 社会属性
      - 规范性
      - 经济性
      - 技术性
      - 时代性
- 会计职业道德概述
  - 定义
  - 会计职业道德与会计法律制度的联系与区别
    - 联系
      - 二者在内容上相互渗透、相互吸收
      - 二者在作用上相互补充、相互协调
      - 会计职业道德是会计法律制度的重要补充，会计法律制度是会计职业道德的最低要求，是会计职业道德的基本制度保障
    - 区别
      - 性质不同
      - 作用范围不同
      - 表现形式不同
      - 实施保障机制不同
      - 评价标准不同

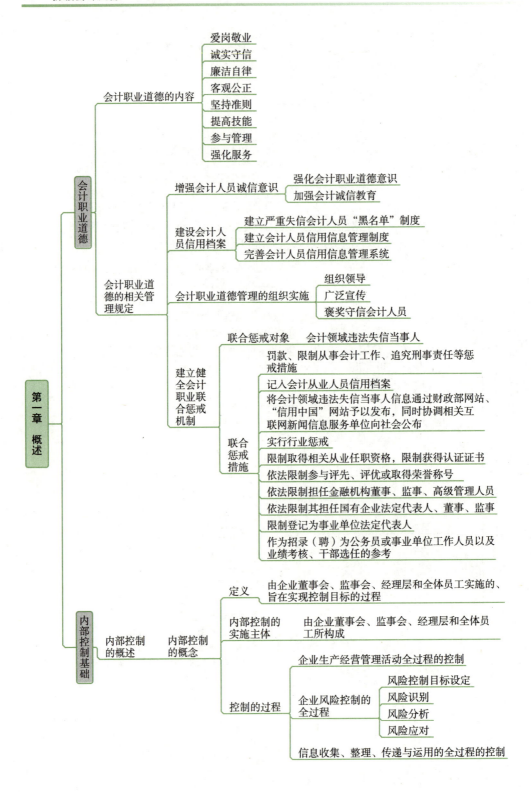

第一章　概述

会计职业道德

会计职业道德的内容
- 爱岗敬业
- 诚实守信
- 廉洁自律
- 客观公正
- 坚持准则
- 提高技能
- 参与管理
- 强化服务

会计职业道德的相关管理规定

增强会计人员诚信意识
- 强化会计职业道德意识
- 加强会计诚信教育

建设会计人员信用档案
- 建立严重失信会计人员"黑名单"制度
- 建立会计人员信用信息管理制度
- 完善会计人员信用信息管理系统

会计职业道德管理的组织实施
- 组织领导
- 广泛宣传
- 褒奖守信会计人员

建立健全会计职业联合惩戒机制

联合惩戒对象　会计领域违法失信当事人

联合惩戒措施
- 罚款、限制从事会计工作、追究刑事责任等惩戒措施
- 记入会计从业人员信用档案
- 将会计领域违法失信当事人信息通过财政部网站、"信用中国"网站予以发布，同时协调相关互联网新闻信息服务单位向社会公布
- 实行行业惩戒
- 限制取得相关从业任职资格，限制获得认证证书
- 依法限制参与评先、评优或取得荣誉称号
- 依法限制担任金融机构董事、监事、高级管理人员
- 依法限制其担任国有企业法定代表人、董事、监事
- 限制登记为事业单位法定代表人
- 作为招录（聘）为公务员或事业单位工作人员以及业绩考核、干部选任的参考

内部控制基础

内部控制的概述

内部控制的概念

定义　由企业董事会、监事会、经理层和全体员工实施的、旨在实现控制目标的过程

内部控制的实施主体　由企业董事会、监事会、经理层和全体员工所构成

控制的过程
- 企业生产经营管理活动全过程的控制
- 企业风险控制的全过程
  - 风险控制目标设定
  - 风险识别
  - 风险分析
  - 风险应对
- 信息收集、整理、传递与运用的全过程的控制

第二章 会计基础

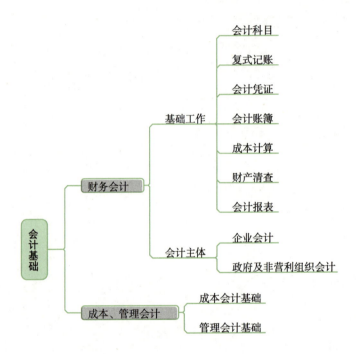

| | | | | | | 定义 | 企业过去的交易或事项形成的，由企业拥有或控制的，预期会给企业带来经济利益的资源 |

第二章 会计基础 — 会计要素及其确认与计量 — 会计要素及其确认条件

资产

- 定义：企业过去的交易或事项形成的，由企业拥有或控制的，预期会给企业带来经济利益的资源
- 特征
  - 资产应为企业拥有或控制的资源
  - 资产预期会给企业带来经济利益
  - 资产是由过去的交易或事项形成的
- 资产的确认条件
  - 与该资源有关的经济利益很可能流入企业
  - 该资源的成本或者价值能够可靠地计量
- 资产的分类和内容
  - 分类
    - 流动资产
    - 非流动资产
  - 内容
    - 流动资产
      - 货币资金
      - 交易性金融资产
      - 衍生金融资产
      - 应收票据
      - 应收账款
      - 应收款项融资
      - 预付款项
      - 其他应收款
      - 存货
      - 合同资产
      - 持有待售资产
      - 一年内到期的非流动资产
      - 其他流动资产
    - 非流动资产
      - 债权投资
      - 其他债权投资
      - 长期应收款
      - 长期股权投资
      - 其他权益工具投资
      - 其他非流动金融资产
      - 投资性房地产
      - 固定资产
      - 在建工程
      - 生产性生物资产
      - 油气资产
      - 使用权资产
      - 无形资产
      - 开发支出
      - 商誉
      - 长期待摊费用
      - 递延所得税资产
      - 其他非流动资产

负债

- 定义：企业过去的交易或事项形成的，预期会导致经济利益流出企业的现时义务
- 特征
  - 负债是企业承担的现时义务
  - 负债预期会导致经济利益流出企业
  - 负债是由企业过去的交易或事项形成的
- 负债的确认条件
  - 与该义务有关的经济利益很可能流出企业
  - 未来流出的经济利益的金额能够可靠地计量

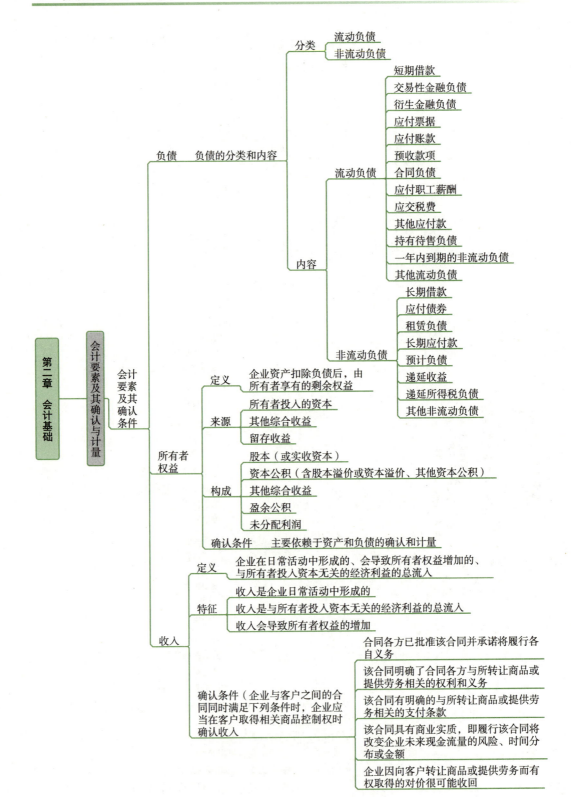

第二章 会计基础

会计要素及其确认与计量

会计要素及其确认条件

负债 —— 负债的分类和内容
- 分类
  - 流动负债
  - 非流动负债
- 内容
  - 流动负债
    - 短期借款
    - 交易性金融负债
    - 衍生金融负债
    - 应付票据
    - 应付账款
    - 预收款项
    - 合同负债
    - 应付职工薪酬
    - 应交税费
    - 其他应付款
    - 持有待售负债
    - 一年内到期的非流动负债
    - 其他流动负债
  - 非流动负债
    - 长期借款
    - 应付债券
    - 租赁负债
    - 长期应付款
    - 预计负债
    - 递延收益
    - 递延所得税负债
    - 其他非流动负债

所有者权益
- 定义：企业资产扣除负债后，由所有者享有的剩余权益
- 来源
  - 所有者投入的资本
  - 其他综合收益
  - 留存收益
- 构成
  - 股本（或实收资本）
  - 资本公积（含股本溢价或资本溢价、其他资本公积）
  - 其他综合收益
  - 盈余公积
  - 未分配利润
- 确认条件：主要依赖于资产和负债的确认和计量

收入
- 定义：企业在日常活动中形成的、会导致所有者权益增加的、与所有者投入资本无关的经济利益的总流入
- 特征
  - 收入是企业日常活动中形成的
  - 收入是与所有者投入资本无关的经济利益的总流入
  - 收入会导致所有者权益的增加
- 确认条件（企业与客户之间的合同同时满足下列条件时，企业应当在客户取得相关商品控制权时确认收入）
  - 合同各方已批准该合同并承诺将履行各自义务
  - 该合同明确了合同各方与所转让商品或提供劳务相关的权利和义务
  - 该合同有明确的与所转让商品或提供劳务相关的支付条款
  - 该合同具有商业实质，即履行该合同将改变企业未来现金流量的风险、时间分布或金额
  - 企业因向客户转让商品或提供劳务而有权取得的对价很可能收回

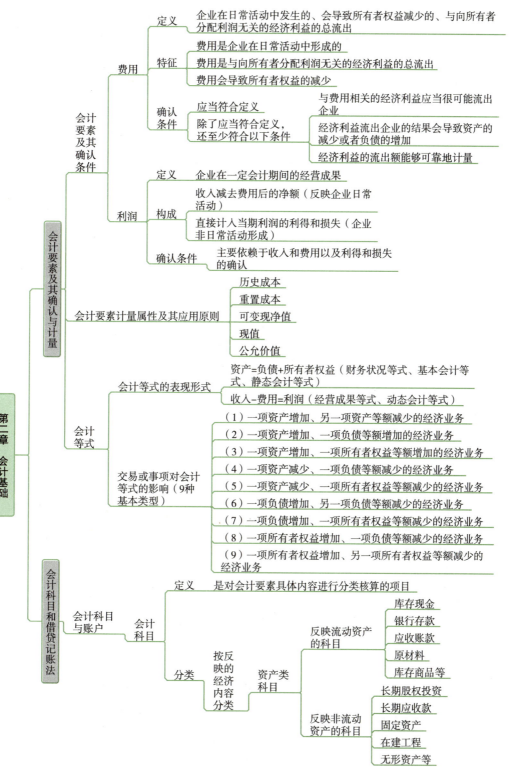

第二章　会计基础
- 会计要素及其确认与计量
  - 会计要素及其确认条件
    - 费用
      - 定义：企业在日常活动中发生的、会导致所有者权益减少的、与向所有者分配利润无关的经济利益的总流出
      - 特征
        - 费用是企业在日常活动中形成的
        - 费用是与向所有者分配利润无关的经济利益的总流出
        - 费用会导致所有者权益的减少
      - 确认条件
        - 应当符合定义
        - 除了应当符合定义，还至少符合以下条件
          - 与费用相关的经济利益应当很可能流出企业
          - 经济利益流出企业的结果会导致资产的减少或者负债的增加
          - 经济利益的流出额能够可靠地计量
    - 利润
      - 定义：企业在一定会计期间的经营成果
      - 构成
        - 收入减去费用后的净额（反映企业日常活动）
        - 直接计入当期利润的利得和损失（企业非日常活动形成）
      - 确认条件：主要依赖于收入和费用以及得和损失的确认
  - 会计要素计量属性及其应用原则
    - 历史成本
    - 重置成本
    - 可变现净值
    - 现值
    - 公允价值
  - 会计等式
    - 会计等式的表现形式
      - 资产=负债+所有者权益（财务状况等式、基本会计等式、静态会计等式）
      - 收入-费用=利润（经营成果等式、动态会计等式）
    - 交易或事项对会计等式的影响（9种基本类型）
      - （1）一项资产增加、另一项资产等额减少的经济业务
      - （2）一项资产增加、一项负债等额增加的经济业务
      - （3）一项资产增加、一项所有者权益等额增加的经济业务
      - （4）一项资产减少、一项负债等额减少的经济业务
      - （5）一项资产减少、一项所有者权益等额减少的经济业务
      - （6）一项负债增加、另一项负债等额减少的经济业务
      - （7）一项负债增加、一项所有者权益等额减少的经济业务
      - （8）一项所有者权益增加、一项负债等额减少的经济业务
      - （9）一项所有者权益增加、另一项所有者权益等额减少的经济业务
- 会计科目和借贷记账法
  - 会计科目与账户
    - 会计科目
      - 定义：是对会计要素具体内容进行分类核算的项目
      - 分类
        - 按反映的经济内容分类
          - 资产类科目
            - 反映流动资产的科目
              - 库存现金
              - 银行存款
              - 应收账款
              - 原材料
              - 库存商品等
            - 反映非流动资产的科目
              - 长期股权投资
              - 长期应收款
              - 固定资产
              - 在建工程
              - 无形资产等

第二章　会计基础

会计科目和借贷记账法

会计科目与账户

会计科目
- 分类
  - 按反映的经济内容分类
    - 负债类科目
      - 反映流动负债的科目
        - 短期借款
        - 应付账款
        - 应付职工薪酬
        - 应交税费等
      - 反映非流动负债的科目
        - 长期借款
        - 应付债券
        - 长期应付款等
    - 共同类科目
      - 既有资产性质又有负债性质的科目
        - 清算资金往来
        - 货币兑换
        - 套期工具
        - 被套期项目等
    - 所有者权益类科目
      - 实收资本（或"股本"）
      - 资本公积
      - 其他综合收益
      - 盈余公积
      - 本年利润
      - 利润分配
      - 库存股等
    - 成本类科目
      - 生产成本
      - 制造费用
      - 劳务成本
      - 研发支出等
    - 损益类科目
      - 对收入、费用等要素的具体内容进行分类核算的项目
        - 反映收入的科目
          - 主营业务收入
          - 其他业务收入等
        - 反映费用的科目
          - 主营业务成本
          - 其他业务成本
          - 销售费用
          - 管理费用
          - 财务费用等
  - 按提供信息的详细程度及其统驭关系分类
    - 总分类科目（又称总账科目或一级科目）
    - 明细分类科目（又称明细科目）

账户
- 定义
  - 根据会计科目设置的，具有一定格式和结构，用于分类反映会计要素增减变动情况及其结果的载体
- 分类
  - 根据核算的经济内容分类
    - 资产类账户
    - 负债类账户
    - 共同类账户
    - 所有者权益类账户
    - 成本类账户
    - 损益类账户
  - 根据提供信息的详细程度及其统驭关系分类
    - 总分类账户
    - 明细分类账户

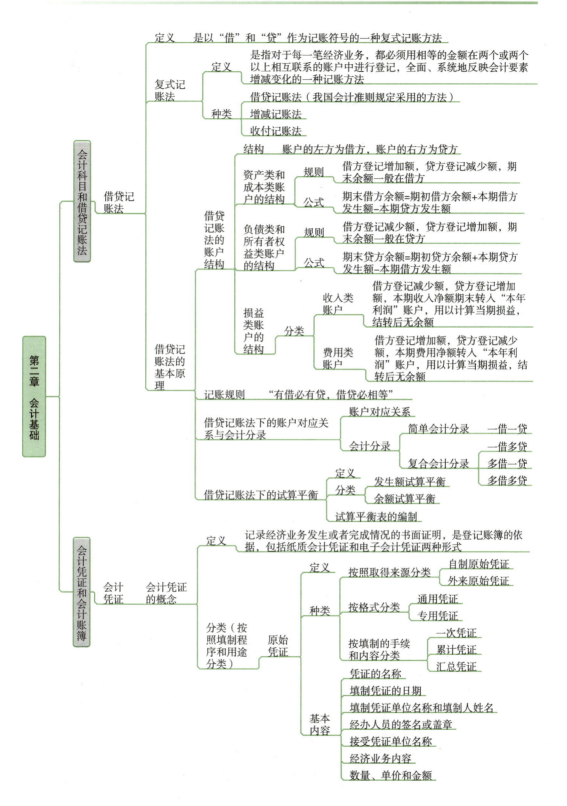

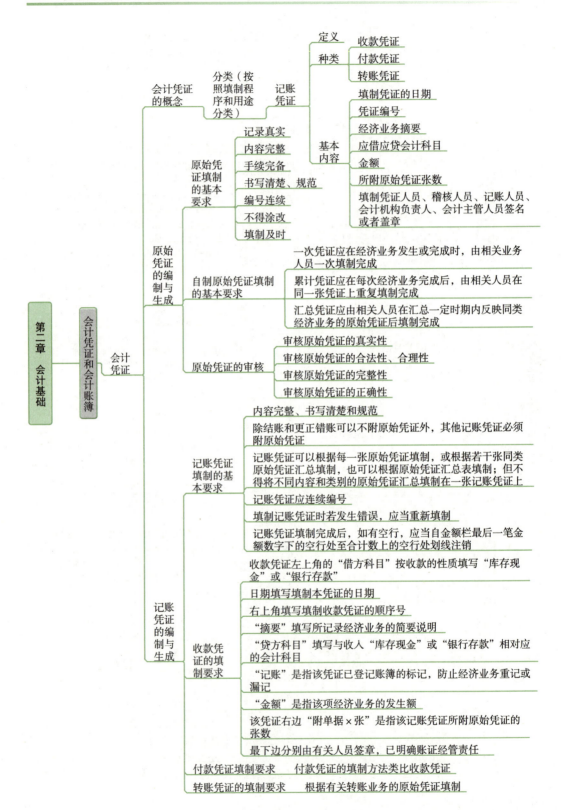

第二章 会计基础
会计凭证和会计账簿
会计凭证
会计凭证的概念
分类（按照填制程序和用途分类）
记账凭证
定义
种类
收款凭证
付款凭证
转账凭证
基本内容
填制凭证的日期
凭证编号
经济业务摘要
应借应贷会计科目
金额
所附原始凭证张数
填制凭证人员、稽核人员、记账人员、会计机构负责人、会计主管人员签名或者盖章

原始凭证的编制与生成
原始凭证填制的基本要求
记录真实
内容完整
手续完备
书写清楚、规范
编号连续
不得涂改
填制及时

自制原始凭证填制的基本要求
一次凭证应在经济业务发生或完成时，由相关业务人员一次填制完成
累计凭证应在每次经济业务完成后，由相关人员在同一张凭证上重复填制完成
汇总凭证应由相关人员在汇总一定时期内反映同类经济业务的原始凭证后填制完成

原始凭证的审核
审核原始凭证的真实性
审核原始凭证的合法性、合理性
审核原始凭证的完整性
审核原始凭证的正确性

记账凭证的编制与生成
记账凭证填制的基本要求
内容完整、书写清楚和规范
除结账和更正错账可以不附原始凭证外，其他记账凭证必须附原始凭证
记账凭证可以根据每一张原始凭证填制，或根据若干张同类原始凭证汇总填制，也可以根据原始凭证汇总表填制；但不得将不同内容和类别的原始凭证汇总填制在一张记账凭证上
记账凭证应连续编号
填制记账凭证时若发生错误，应当重新填制
记账凭证填制完成后，如有空行，应当自金额栏最后一笔金额数字下的空行处至合计数上的空行处划线注销

收款凭证的填制要求
收款凭证左上角的"借方科目"按收款的性质填写"库存现金"或"银行存款"
日期填写填制本凭证的日期
右上角填写填制收款凭证的顺序号
"摘要"填写所记录经济业务的简要说明
"贷方科目"填写与收入"库存现金"或"银行存款"相对应的会计科目
"记账"是指该凭证已登记账簿的标记，防止经济业务重记或漏记
"金额"是指该项经济业务的发生额
该凭证右边"附单据×张"是指该记账凭证所附原始凭证的张数
最下边分别由有关人员签章，已明确账证经管责任

付款凭证填制要求
付款凭证的填制方法类比收款凭证

转账凭证的填制要求
根据有关转账业务的原始凭证填制

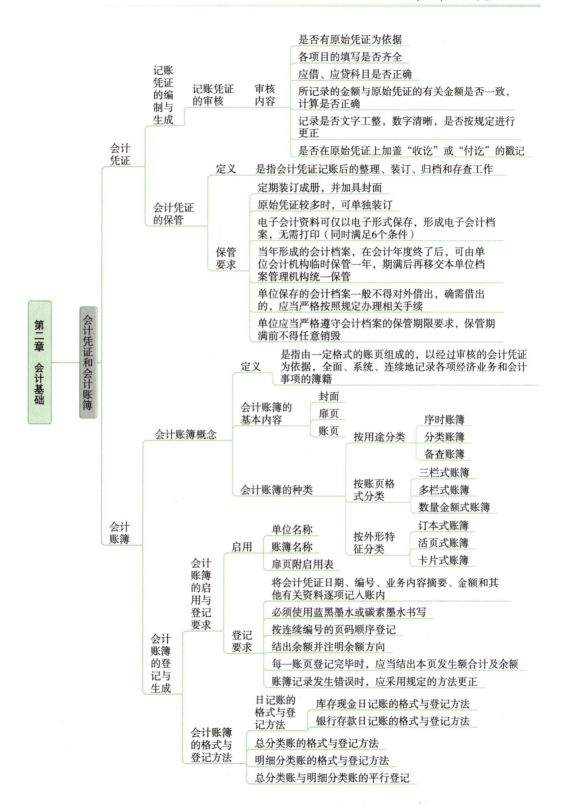

第二章 会计基础
- 会计凭证和会计账簿
  - 会计凭证
    - 记账凭证的编制与生成
      - 记账凭证的审核
        - 审核内容
          - 是否有原始凭证为依据
          - 各项目的填写是否齐全
          - 应借、应贷科目是否正确
          - 所记录的金额与原始凭证的有关金额是否一致，计算是否正确
          - 记录是否文字工整，数字清晰，是否按规定进行更正
          - 是否在原始凭证上加盖"收讫"或"付讫"的戳记
    - 会计凭证的保管
      - 定义：是指会计凭证记账后的整理、装订、归档和存查工作
      - 保管要求
        - 定期装订成册，并加具封面
        - 原始凭证较多时，可单独装订
        - 电子会计资料可仅以电子形式保存，形成电子会计档案，无需打印（同时满足6个条件）
        - 当年形成的会计档案，在会计年度终了后，可由单位会计机构临时保管一年，期满后再移交本单位档案管理机构统一保管
        - 单位保存的会计档案一般不得对外借出，确需借出的，应当严格按照规定办理相关手续
        - 单位应当严格遵守会计档案的保管期限要求，保管期满前不得任意销毁
  - 会计账簿
    - 会计账簿概念
      - 定义：是指由一定格式的账页组成的，以经过审核的会计凭证为依据，全面、系统、连续地记录各项经济业务和会计事项的簿籍
      - 会计账簿的基本内容
        - 封面
        - 扉页
        - 账页
      - 会计账簿的种类
        - 按用途分类
          - 序时账簿
          - 分类账簿
          - 备查账簿
        - 按账页格式分类
          - 三栏式账簿
          - 多栏式账簿
          - 数量金额式账簿
        - 按外形特征分类
          - 订本式账簿
          - 活页式账簿
          - 卡片式账簿
    - 会计账簿的登记与生成
      - 会计账簿的启用与登记要求
        - 启用
          - 单位名称
          - 账簿名称
          - 扉页附启用表
        - 登记要求
          - 将会计凭证日期、编号、业务内容摘要、金额和其他有关资料逐项记入账内
          - 必须使用蓝黑墨水或碳素墨水书写
          - 按连续编号的页码顺序登记
          - 结出余额并注明余额方向
          - 每一账页登记完毕时，应当结出本页发生额合计及余额
          - 账簿记录发生错误时，应采用规定的方法更正
      - 会计账簿的格式与登记方法
        - 日记账的格式与登记方法
          - 库存现金日记账的格式与登记方法
          - 银行存款日记账的格式与登记方法
        - 总分类账的格式与登记方法
        - 明细分类账的格式与登记方法
        - 总分类账与明细分类账的平行登记

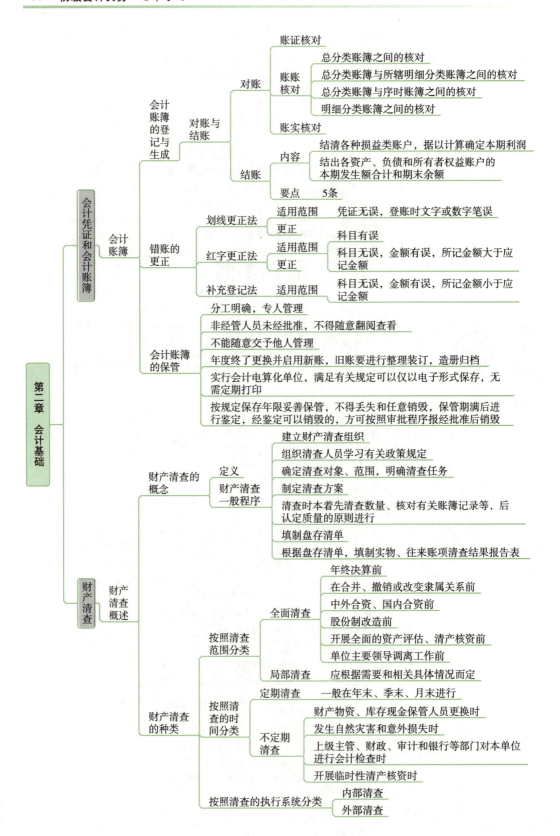

第二章 会计基础

会计凭证和会计账簿
- 会计账簿
  - 会计账簿的登记与生成
    - 对账与结账
      - 对账
        - 账证核对
        - 账账核对
          - 总分类账簿之间的核对
          - 总分类账簿与所辖明细分类账簿之间的核对
          - 总分类账簿与序时账簿之间的核对
          - 明细分类账簿之间的核对
        - 账实核对
      - 结账
        - 内容
          - 结清各种损益类账户，据以计算确定本期利润
          - 结出各资产、负债和所有者权益账户的本期发生额合计和期末余额
        - 要点　5条
  - 错账的更正
    - 划线更正法
      - 适用范围　凭证无误，登账时文字或数字笔误
      - 更正
    - 红字更正法
      - 适用范围　科目有误
      - 更正　科目无误，金额有误，所记金额大于应记金额
    - 补充登记法
      - 适用范围　科目无误，金额有误，所记金额小于应记金额
  - 会计账簿的保管
    - 分工明确，专人管理
    - 非经管人员未经批准，不得随意翻阅查看
    - 不能随意交于他人管理
    - 年度终了更换并启用新账，旧账要进行整理装订，造册归档
    - 实行会计电算化单位，满足有关规定可以仅以电子形式保存，无需定期打印
    - 按规定保存年限妥善保管，不得丢失和任意销毁，保管期满后进行鉴定，经鉴定可以销毁的，方可按照审批程序报经批准后销毁

财产清查
- 财产清查概述
  - 财产清查的概念
    - 定义
    - 财产清查一般程序
      - 建立财产清查组织
      - 组织清查人员学习有关政策规定
      - 确定清查对象、范围，明确清查任务
      - 制定清查方案
      - 清查时本着先清查数量、核对有关账簿记录等，后认定质量的原则进行
      - 填制盘存清单
      - 根据盘存清单，填制实物、往来账项清查结果报告表
  - 财产清查的种类
    - 按照清查范围分类
      - 全面清查
        - 年终决算前
        - 在合并、撤销或改变隶属关系前
        - 中外合资、国内合资前
        - 股份制改造前
        - 开展全面的资产评估、清产核资前
        - 单位主要领导调离工作前
      - 局部清查　应根据需要和相关具体情况而定
    - 按照清查的时间分类
      - 定期清查　一般在年末、季末、月末进行
      - 不定期清查
        - 财产物资、库存现金保管人员更换时
        - 发生自然灾害和意外损失时
        - 上级主管、财政、审计和银行等部门对本单位进行会计检查时
        - 开展临时性清产核资时
    - 按照清查的执行系统分类
      - 内部清查
      - 外部清查

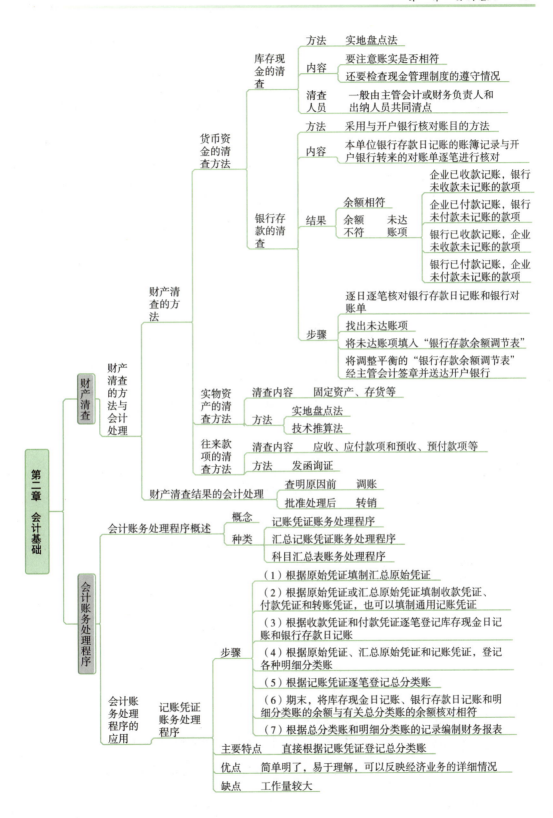

第二章 会计基础

财产清查
- 财产清查的方法与会计处理
  - 财产清查的方法
    - 货币资金的清查方法
      - 库存现金的清查
        - 方法　实地盘点法
        - 内容
          - 要注意账实是否相符
          - 还要检查现金管理制度的遵守情况
        - 清查人员　一般由主管会计或财务负责人和出纳人员共同清点
      - 银行存款的清查
        - 方法　采用与开户银行核对账目的方法
        - 内容　本单位银行存款日记账的账簿记录与开户银行转来的对账单逐笔进行核对
        - 结果
          - 余额相符
          - 余额不符　未达账项
            - 企业已收款记账，银行未收款未记账的款项
            - 企业已付款记账，银行未付款未记账的款项
            - 银行已收款记账，企业未收款未记账的款项
            - 银行已付款记账，企业未付款未记账的款项
        - 步骤
          - 逐日逐笔核对银行存款日记账和银行对账单
          - 找出未达账项
          - 将未达账项填入"银行存款余额调节表"
          - 将调整平衡的"银行存款余额调节表"经主管会计签章并送达开户银行
    - 实物资产的清查方法
      - 清查内容　固定资产、存货等
      - 方法
        - 实地盘点法
        - 技术推算法
    - 往来款项的清查方法
      - 清查内容　应收、应付款项和预收、预付款项等
      - 方法　发函询证
  - 财产清查结果的会计处理
    - 查明原因前　调账
    - 批准处理后　转销
- 会计账务处理程序
  - 会计账务处理程序概述
    - 概念　记账凭证账务处理程序
    - 种类
      - 汇总记账凭证账务处理程序
      - 科目汇总表账务处理程序
  - 会计账务处理程序的应用
    - 记账凭证账务处理程序
      - 步骤
        - （1）根据原始凭证填制汇总原始凭证
        - （2）根据原始凭证或汇总原始凭证填制收款凭证、付款凭证和转账凭证，也可以填制通用记账凭证
        - （3）根据收款凭证和付款凭证逐笔登记库存现金日记账和银行存款日记账
        - （4）根据原始凭证、汇总原始凭证和记账凭证，登记各种明细分类账
        - （5）根据记账凭证逐笔登记总分类账
        - （6）期末，将库存现金日记账、银行存款日记账和明细分类账的余额与有关总分类账的余额核对相符
        - （7）根据总分类账和明细分类账的记录编制财务报表
      - 主要特点　直接根据记账凭证登记总分类账
      - 优点　简单明了，易于理解，可以反映经济业务的详细情况
      - 缺点　工作量较大

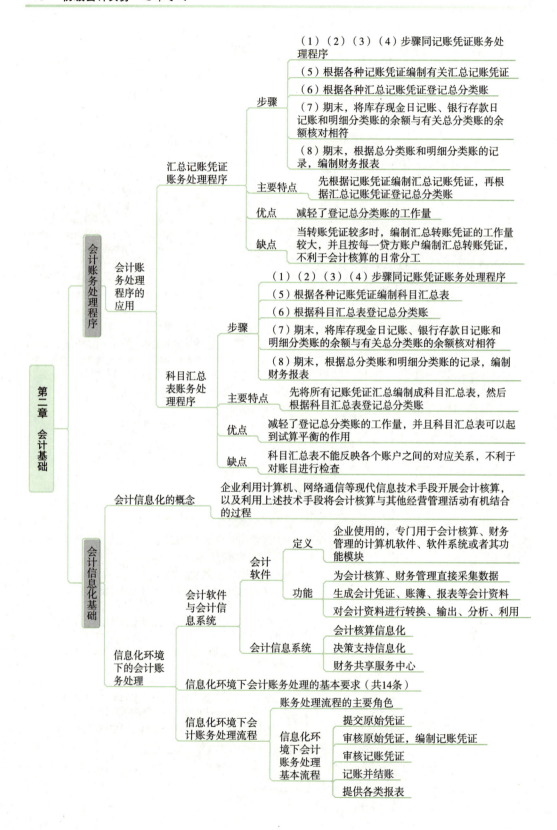

第二章　会计基础

会计账务处理程序的应用

会计账务处理程序的应用

汇总记账凭证账务处理程序

步骤
- （1）（2）（3）（4）步骤同记账凭证账务处理程序
- （5）根据各种记账凭证编制有关汇总记账凭证
- （6）根据各种汇总记账凭证登记总分类账
- （7）期末，将库存现金日记账、银行存款日记账和明细分类账的余额与有关总分类账的余额核对相符
- （8）期末，根据总分类账和明细分类账的记录，编制财务报表

主要特点：先根据记账凭证编制汇总记账凭证，再根据汇总记账凭证登记总分类账

优点：减轻了登记总分类账的工作量

缺点：当转账凭证较多时，编制汇总转账凭证的工作量较大，并且按每一贷方账户编制汇总转账凭证，不利于会计核算的日常分工

科目汇总表账务处理程序

步骤
- （1）（2）（3）（4）步骤同记账凭证账务处理程序
- （5）根据各种记账凭证编制科目汇总表
- （6）根据科目汇总表登记总分类账
- （7）期末，将库存现金日记账、银行存款日记账和明细分类账的余额与有关总分类账的余额核对相符
- （8）期末，根据总分类账和明细分类账的记录，编制财务报表

主要特点：先将所有记账凭证汇总编制成科目汇总表，然后根据科目汇总表登记总分类账

优点：减轻了登记总分类账的工作量，并且科目汇总表可以起到试算平衡的作用

缺点：科目汇总表不能反映各个账户之间的对应关系，不利于对账目进行检查

会计信息化基础

会计信息化的概念：企业利用计算机、网络通信等现代信息技术手段开展会计核算，以及利用上述技术手段将会计核算与其他经营管理活动有机结合的过程

会计软件与会计信息系统

会计软件
- 定义：企业使用的，专门用于会计核算、财务管理的计算机软件、软件系统或者其功能模块
- 功能
  - 为会计核算、财务管理直接采集数据
  - 生成会计凭证、账簿、报表等会计资料
  - 对会计资料进行转换、输出、分析、利用

会计信息系统
- 会计核算信息化
- 决策支持信息化
- 财务共享服务中心

信息化环境下的会计账务处理

信息化环境下会计账务处理的基本要求（共14条）

信息化环境下会计账务处理流程
- 账务处理流程的主要角色
- 信息化环境下会计账务处理基本流程
  - 提交原始凭证
  - 审核原始凭证，编制记账凭证
  - 审核记账凭证
  - 记账并结账
  - 提供各类报表

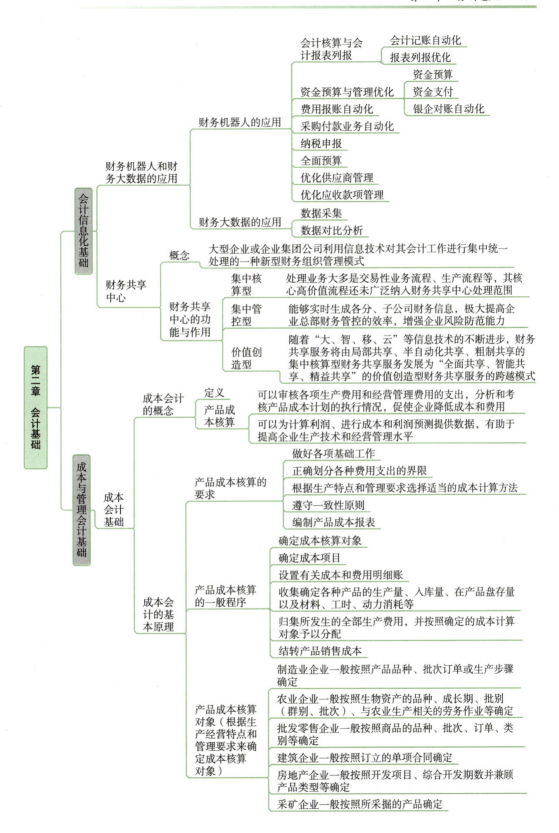

第
二
章
　
会
计
基
础

成本与管理会计基础

成本会计基础

成本会计的基本原理

产品成本核算对象（根据生产经营特点和管理要求来确定成本核算对象）

交通运输企业
- 以运输工具从事货物、旅客运输的，一般按照航线、航次、单船（机）、基层站段等确定
- 从事货物等装卸业务的，可以按照货物、成本责任部门、作业场所等确定
- 从事仓储、堆存、港务管理业务的，一般按照码头、仓库、堆场、油罐、筒仓、货棚或主要货物的种类、成本责任部门等确定

信息传输企业一般按照基础电信业务、电信增值业务和其他信息传输业务等

软件及信息技术服务企业的科研设计与软件开发等人工成本比重较高的，一般按照科研课题、承接的单项合同项目、开发项目、技术服务客户等确定

文化企业一般按照制作产品的种类、批次、印次、刊次等确定

产品成本项目
- 直接材料
- 燃料及动力
- 直接人工
- 制造费用

产品成本的归集和分配

产品成本计算方法

品种法
- 定义
- 适用范围：适用于单步骤、大量生产的企业，如发电、供水、采掘等企业
- 特点
  - 成本核算对象是产品品种
  - 品种法下一般定期（每月月末）计算产品成本
  - 月末一般不存在在产品，如果有在产品，数量也很少

分批法
- 定义
- 适用范围：适用于单件、小批生产的企业，如造船、重型机器制造、精密仪器制造等
- 特点
  - 成本核算对象是产品的批别
  - 产品成本计算期与财务报告期不一致
  - 由于成本计算期与产品的生产周期基本一致，在计算月末在产品成本时，一般不存在在完工产品和在产品之间分配成本的问题

分步法
- 定义
- 适用范围：适用于大量大批的多步骤生产，如冶金、纺织、机械制造等
- 特点
  - 成本核算对象是各种产品的生产步骤
  - 月末为计算完工产品成本，还需要将归集在生产成本明细账中的生产成本在完工产品和在产品之间进行分配
  - 除了按品种计算和结转产品成本外，还需要计算和结转产品的各步骤成本
- 结转方法
  - 逐步结转分步法：主要用于分步计算半成品成本的情形
  - 平行结转分步法：主要用于不需分步计算半成品成本的情形

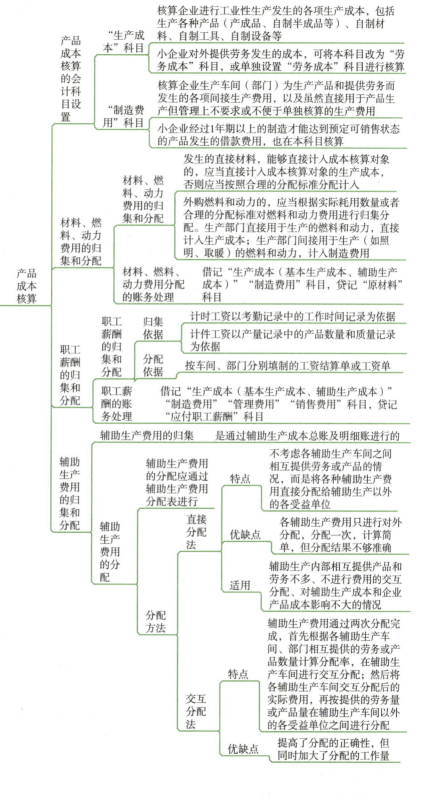

第二章　会计基础

成本与管理会计基础

成本会计基础

产品成本核算

产品成本核算的会计科目设置

"生产成本"科目
核算企业进行工业性生产发生的各项生产成本，包括生产各种产品（产成品、自制半成品等）、自制材料、自制工具、自制设备等

小企业对外提供劳务发生的成本，可将本科目改为"劳务成本"科目，或单独设置"劳务成本"科目进行核算

"制造费用"科目
核算企业生产车间（部门）为生产产品和提供劳务而发生的各项间接生产费用，以及虽然直接用于产品生产但管理上不要求或不便于单独核算的生产费用

小企业经过1年期以上的制造才能达到预定可销售状态的产品发生的借款费用，也在本科目核算

材料、燃料、动力费用的归集和分配

材料、燃料、动力费用的归集和分配
发生的直接材料，能够直接计入成本核算对象的，应当直接计入成本核算对象的生产成本，否则应当按照合理的分配标准分配计入

外购燃料和动力的，应当根据实际耗用数量或者合理的分配标准对燃料和动力费用进行归集分配。生产部门直接用于生产的燃料和动力，直接计入生产成本；生产部门间接用于生产（如照明、取暖）的燃料和动力，计入制造费用

材料、燃料、动力费用分配的账务处理
借记"生产成本（基本生产成本、辅助生产成本）""制造费用"科目，贷记"原材料"科目

职工薪酬的归集和分配

职工薪酬的归集和分配

归集依据
计时工资以考勤记录中的工作时间记录为依据

计件工资以产量记录中的产品数量和质量记录为依据

分配依据
按车间、部门分别填制的工资结算单或工资单

职工薪酬的账务处理
借记"生产成本（基本生产成本、辅助生产成本）""制造费用""管理费用""销售费用"科目，贷记"应付职工薪酬"科目

辅助生产费用的归集和分配

辅助生产费用的归集和分配

辅助生产费用的归集
是通过辅助生产成本总账及明细账进行的

辅助生产费用的分配

辅助生产费用的分配应通过辅助生产费用分配表进行

分配方法

直接分配法

特点
不考虑各辅助生产车间之间相互提供劳务或产品的情况，而是将各种辅助生产费用直接分配给辅助生产以外的各受益单位

优缺点
各辅助生产费用只进行对外分配，分配一次，计算简单，但分配结果不够准确

适用
辅助生产内部相互提供产品和劳务不多、不进行费用的交互分配、对辅助生产成本和企业产品成本影响不大的情况

交互分配法

特点
辅助生产费用通过两次分配完成，首先根据各辅助生产车间、部门相互提供的劳务或产品数量计算分配率，在辅助生产车间进行交互分配；然后将各辅助生产车间交互分配后的实际费用，再按提供的劳务量或产品量在辅助生产车间以外的各受益单位之间进行分配

优缺点
提高了分配的正确性，但同时加大了分配的工作量

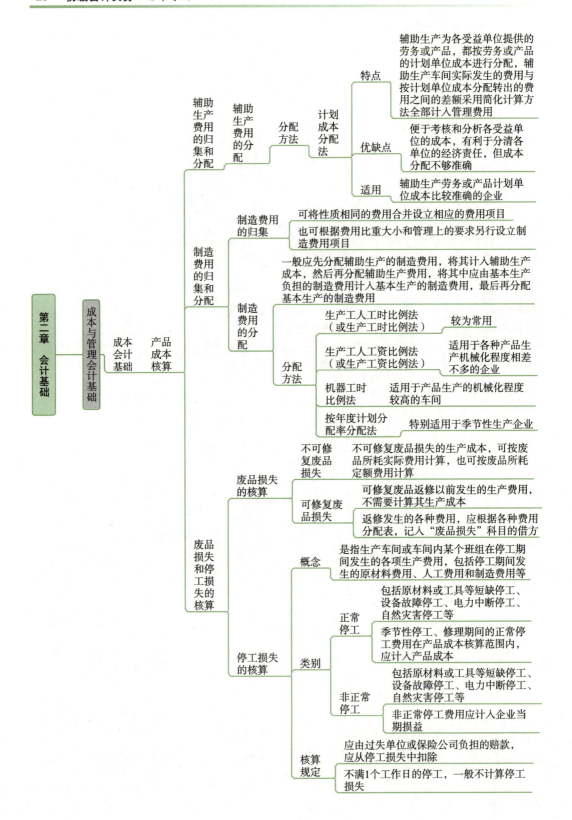

第二章 会计基础

成本与管理会计基础

成本会计基础

产品成本核算

辅助生产费用的归集和分配

辅助生产费用的分配

分配方法

计划成本分配法

特点：辅助生产为各受益单位提供的劳务或产品，都按劳务或产品的计划单位成本进行分配，辅助生产车间实际发生的费用与按计划单位成本分配转出的费用之间的差额采用简化计算方法全部计入管理费用

优缺点：便于考核和分析各受益单位的成本，有利于分清各单位的经济责任，但成本分配不够准确

适用：辅助生产劳务或产品计划单位成本比较准确的企业

制造费用的归集和分配

制造费用的归集：可将性质相同的费用合并设立相应的费用项目

也可根据费用比重大小和管理上的要求另行设立制造费用项目

制造费用的分配：一般应先分配辅助生产的制造费用，将其计入辅助生产成本，然后再分配辅助生产费用，将其中应由基本生产负担的制造费用计入基本生产的制造费用，最后再分配基本生产的制造费用

分配方法：

生产工人工时比例法（或生产工时比例法）：较为常用

生产工人工资比例法（或生产工资比例法）：适用于各种产品生产机械化程度相差不多的企业

机器工时比例法：适用于产品生产的机械化程度较高的车间

按年度计划分配率分配法：特别适用于季节性生产企业

废品损失和停工损失的核算

废品损失的核算

不可修复废品损失：不可修复废品损失的生产成本，可按废品所耗实际费用计算，也可按废品所耗定额费用计算

可修复废品损失：可修复废品返修以前发生的生产费用，不需要计算其生产成本

返修发生的各种费用，应根据各种费用分配表，记入"废品损失"科目的借方

停工损失的核算

概念：是指生产车间或车间内某个班组在停工期间发生的各项生产费用，包括停工期间发生的原材料费用、人工费用和制造费用等

类别：

正常停工：包括原材料或工具等短缺停工、设备故障停工、电力中断停工、自然灾害停工等

季节性停工、修理期间的正常停工费用在产品成本核算范围内，应计入产品成本

非正常停工：包括原材料或工具等短缺停工、设备故障停工、电力中断停工、自然灾害停工等

非正常停工费用应计入企业当期损益

核算规定：应由过失单位或保险公司负担的赔款，应从停工损失中扣除

不满1个工作日的停工，一般不计算停工损失

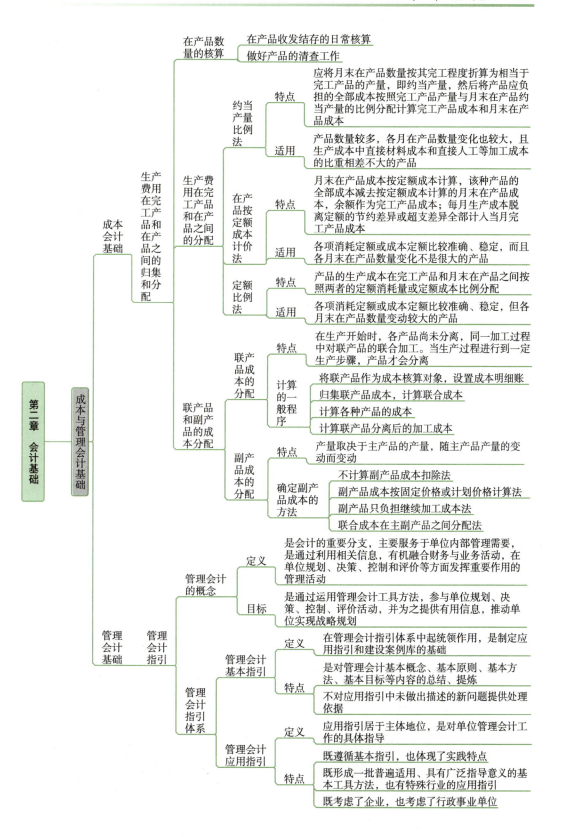

第二章 会计基础

成本与管理会计基础

成本会计基础

生产费用在完工品和在产品之间的归集和分配

在产品数量的核算
- 在产品收发结存的日常核算
- 做好产品的清查工作

生产费用在完工产品和在产品之间的分配

约当产量比例法
- 特点：应将月末在产品数量按其完工程度折算为相当于完工产品的产量，即约当产量，然后将产品应负担的全部成本按照完工产品产量与月末在产品约当产量的比例分配计算完工产品成本和月末在产品成本
- 适用：产品数量较多，各月在产品数量变化也较大，且生产成本中直接材料成本和直接人工等加工成本的比重相差不大的产品

在产品按定额成本计价法
- 特点：月末在产品成本按定额成本计算，该种产品的全部成本减去按定额成本计算的月末在产品成本，余额作为完工产品成本；每月生产成本脱离定额的节约差异或超支差异全部计入当月完工产品成本
- 适用：各项消耗定额或成本定额比较准确、稳定，而且各月末在产品数量变化不是很大的产品

定额比例法
- 特点：产品的生产成本在完工产品和月末在产品之间按照两者的定额消耗量或定额成本比例分配
- 适用：各项消耗定额或成本定额比较准确、稳定，但各月末在产品数量变动较大的产品

联产品和副产品的成本分配

联产品成本的分配
- 特点：在生产开始时，各产品尚未分离，同一加工过程中对联产品的联合加工。当生产过程进行到一定生产步骤，产品才会分离
- 计算的一般程序：
  - 将联产品作为成本核算对象，设置成本明细账
  - 归集联产品成本，计算联合成本
  - 计算各种产品的成本
  - 计算联产品分离后的加工成本

副产品成本的分配
- 特点：产量取决于主产品的产量，随主产品产量的变动而变动
- 确定副产品成本的方法：
  - 不计算副产品成本扣除法
  - 副产品成本按固定价格或计划价格计算法
  - 副产品只负担继续加工成本法
  - 联合成本在主副产品之间分配法

管理会计基础

管理会计指引

管理会计的概念
- 定义：是会计的重要分支，主要服务于单位内部管理需要，是通过利用相关信息，有机融合财务与业务活动，在单位规划、决策、控制和评价等方面发挥重要作用的管理活动
- 目标：是通过运用管理会计工具方法，参与单位规划、决策、控制、评价活动，并为之提供有用信息，推动单位实现战略规划

管理会计指引体系

管理会计基本指引
- 定义：在管理会计指引体系中起统领作用，是制定应用指引和建设案例库的基础
- 特点：
  - 是对管理会计基本概念、基本原则、基本方法、基本目标等内容的总结、提炼
  - 不对应用指引中未做出描述的新问题提供处理依据

管理会计应用指引
- 定义：应用指引居于主体地位，是对单位管理会计工作的具体指导
- 特点：
  - 既遵循基本指引，也体现了实践特点
  - 既形成一批普遍适用、具有广泛指导意义的基本工具方法，也有特殊行业的应用指引
  - 既考虑了企业，也考虑了行政事业单位

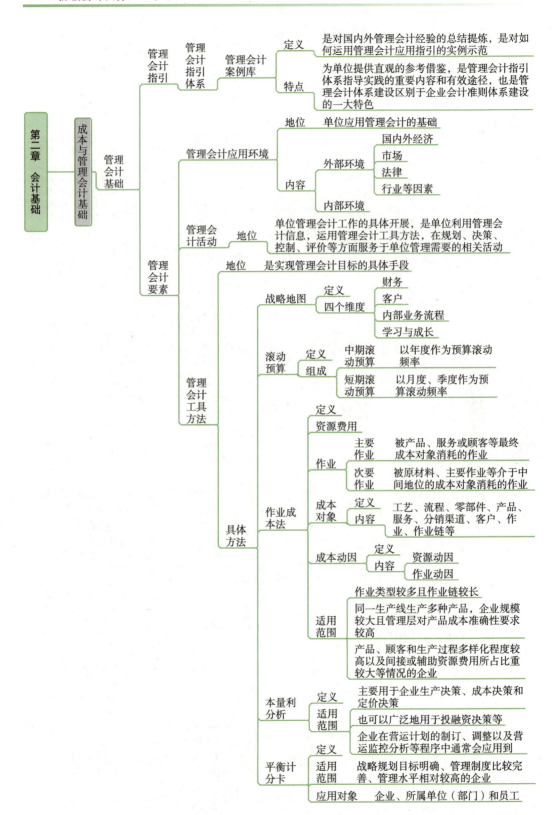

第二章　会计基础

成本与管理会计基础

管理会计基础
- 管理会计指引
  - 管理会计指引体系
    - 管理会计案例库
      - 定义：是对国内外管理会计经验的总结提炼，是对如何运用管理会计应用指引的实例示范
      - 特点：为单位提供直观的参考借鉴，是管理会计指引体系指导实践的重要内容和有效途径，也是管理会计体系建设区别于企业会计准则体系建设的一大特色
- 管理会计应用环境
  - 地位：单位应用管理会计的基础
  - 内容
    - 外部环境：国内外经济、市场、法律、行业等因素
    - 内部环境

管理会计要素
- 管理会计活动
  - 地位：单位管理会计工作的具体开展，是单位利用管理会计信息，运用管理会计工具方法，在规划、决策、控制、评价等方面服务于单位管理需要的相关活动
- 管理会计工具方法
  - 地位：是实现管理会计目标的具体手段
  - 具体方法
    - 战略地图
      - 定义
      - 四个维度：财务、客户、内部业务流程、学习与成长
    - 滚动预算
      - 定义
      - 组成
        - 中期滚动预算：以年度作为预算滚动频率
        - 短期滚动预算：以月度、季度作为预算滚动频率
    - 作业成本法
      - 定义
      - 资源费用
      - 作业
        - 主要作业：被产品、服务或顾客等最终成本对象消耗的作业
        - 次要作业：被原材料、主要作业等介于中间地位的成本对象消耗的作业
      - 成本对象
        - 定义
        - 内容：工艺、流程、零部件、产品、服务、分销渠道、客户、作业、作业链等
      - 成本动因
        - 定义
        - 内容：资源动因、作业动因
      - 适用范围
        - 作业类型较多且作业链较长
        - 同一生产线生产多种产品，企业规模较大且管理层对产品成本准确性要求较高
        - 产品、顾客和生产过程多样化程度较高以及间接或辅助资源费用所占比重较大等情况的企业
    - 本量利分析
      - 定义：主要用于企业生产决策、成本决策和定价决策
      - 适用范围：也可以广泛地用于投融资决策等
    - 平衡计分卡
      - 定义：企业在营运计划的制订、调整以及营运监控分析等程序中通常会应用到
      - 适用范围：战略规划目标明确、管理制度比较完善、管理水平相对较高的企业
      - 应用对象：企业、所属单位（部门）和员工

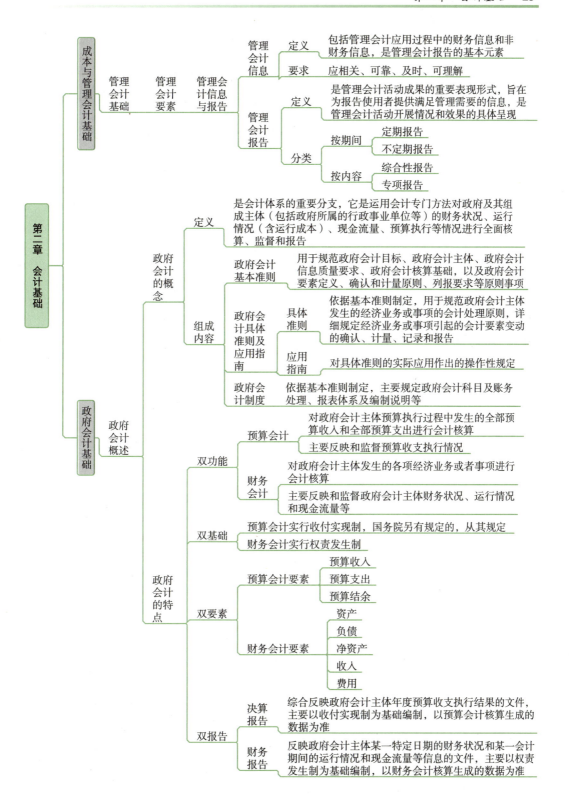

				预算收入	定义	政府会计主体在预算年度内依法取得的并纳入预算管理的现金流入	
					确认和计量	一般在实际收到时予以确认，以实际收到的金额计量	
			政府预算会计要素	预算支出	定义	政府会计主体在预算年度内依法发生并纳入预算管理的现金流出	
					确认和计量	一般在实际支付时予以确认，以实际支付的金额计量	
				预算结余	定义	政府会计主体预算年度内预算收入扣除预算支出后的资金余额，以及历年滚存的资金余额	
					内容	结余资金	年度预算执行终了，预算收入实际完成数扣除预算支出和结转资金后剩余的资金
						结转资金	预算安排项目的支出年终尚未执行完毕或者因故未执行，且下年需要按原用途继续使用的资金

第二章 会计基础 ─ 政府会计基础 ─ 政府会计实务概要 ─ 政府会计要素及其确认和计量

				定义	政府会计主体过去的经济业务或者事项形成的，由政府会计主体控制的，预期能够产生服务潜力或者带来经济利益流入的经济资源		
				分类	按照流动性	流动资产[预计在1年内（含1年）耗用或者可以变现的资产]	货币资金
							短期投资
							应收及预付款项
							存货
						非流动资产	固定资产
							在建工程
							无形资产
			政府财务会计要素	资产			长期投资
							公共基础设施
							政府储备资产
							文物文化资产
							保障性住房和自然资源资产
				确认条件	符合政府资产定义的经济资源（同时满足以下条件）		
					与该经济资源相关的服务潜力很可能实现或者经济利益很可能流入政府会计主体		
					该经济资源的成本或者价值能够可靠地计量		
				计量	计量属性	历史成本	资产按照取得时支付的现金金额或者支付对价的公允价值计量
						重置成本	资产按照现在购买相同或者相似资产所需支付的现金金额计量
						现值	资产按照预计从其持续使用和最终处置中所产生的未来净现金流入量的折现金额计量
						公允价值	资产按照市场参与者在计量日发生的有序交易中，出售资产所能收到的价格计量
						名义金额	无法采用历史成本、重置成本、现值和公允价值计量属性的，采用名义金额（即人民币1元）计量

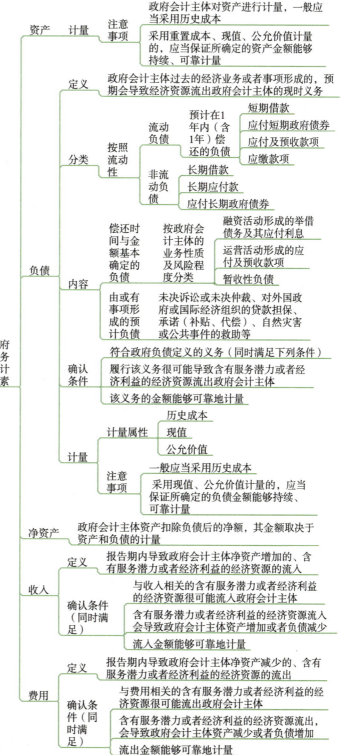

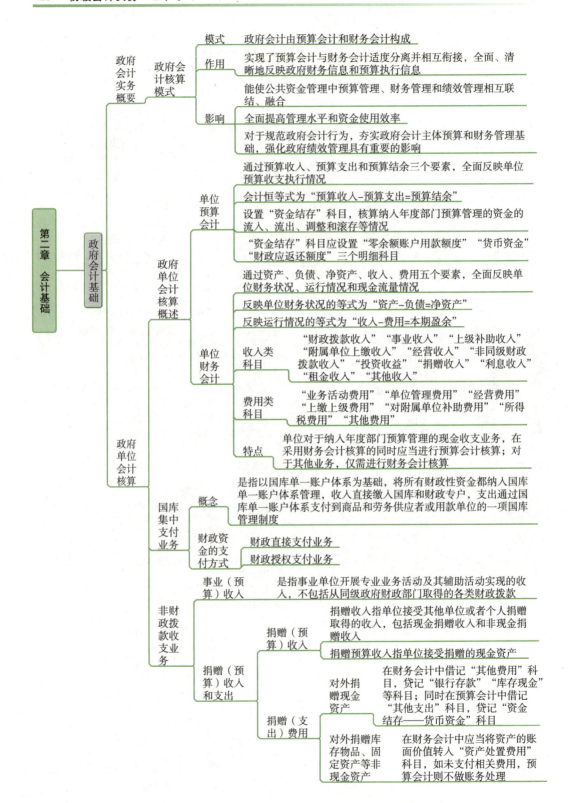

第二章 会计基础

政府会计基础

政府会计实务概要

政府会计核算模式
- 模式：政府会计由预算会计和财务会计构成
- 作用：实现了预算会计与财务会计适度分离并相互衔接，全面、清晰地反映政府财务信息和预算执行信息
- 影响：
  - 能使公共资金管理中预算管理、财务管理和绩效管理相互联结、融合
  - 全面提高管理水平和资金使用效率
  - 对于规范政府会计行为，夯实政府会计主体预算和财务管理基础，强化政府绩效管理具有重要的影响

政府单位会计核算

政府单位会计核算概述
- 单位预算会计：
  - 通过预算收入、预算支出和预算结余三个要素，全面反映单位预算收支执行情况
  - 会计恒等式为"预算收入−预算支出=预算结余"
  - 设置"资金结存"科目，核算纳入年度部门预算管理的资金的流入、流出、调整和滚存等情况
  - "资金结存"科目应设置"零余额账户用款额度""货币资金""财政应返还额度"三个明细科目
- 单位财务会计：
  - 通过资产、负债、净资产、收入、费用五个要素，全面反映单位财务状况、运行情况和现金流量情况
  - 反映单位财务状况的等式为"资产−负债=净资产"
  - 反映运行情况的等式为"收入−费用=本期盈余"
  - 收入类科目："财政拨款收入""事业收入""上级补助收入""附属单位上缴收入""经营收入""非同级财政拨款收入""投资收益""捐赠收入""利息收入""租金收入""其他收入"
  - 费用类科目："业务活动费用""单位管理费用""经营费用""上缴上级费用""对附属单位补助费用""所得税费用""其他费用"
- 特点：单位对于纳入年度部门预算管理的现金收支业务，在采用财务会计核算的同时应当进行预算会计核算；对于其他业务，仅需进行财务会计核算

国库集中支付业务
- 概念：是指以国库单一账户体系为基础，将所有财政性资金都纳入国库单一账户体系管理，收入直接缴入国库和财政专户，支出通过国库单一账户体系支付到商品和劳务供应者或用款单位的一项国库管理制度
- 财政资金的支付方式：
  - 财政直接支付业务
  - 财政授权支付业务

非财政拨款收支业务
- 事业（预算）收入：是指事业单位开展专业业务活动及其辅助活动实现的收入，不包括从同级政府财政部门取得的各类财政拨款
- 捐赠（预算）收入和支出：
  - 捐赠（预算）收入：
    - 捐赠收入指单位接受其他单位或者个人捐赠取得的收入，包括现金捐赠收入和非现金捐赠收入
    - 捐赠预算收入指单位接受捐赠的现金资产
  - 捐赠（支出）费用：
    - 对外捐赠现金资产：在财务会计中借记"其他费用"科目，贷记"银行存款""库存现金"等科目；同时在预算会计中借记"其他支出"科目，贷记"资金结存——货币资金"科目
    - 对外捐赠库存物品、固定资产等非现金资产：在财务会计中应当将资产的账面价值转入"资产处置费用"科目，如未支付相关费用，预算会计则不做账务处理

```
                                                                    不参与事业单位的结余分配,单独设置"财政拨款结转"和
                                                                    "财政拨款结余"科目核算
                                                   财政拨
                                                   款结转        财政拨款结      "财政拨款结转"科目,核算单位滚存的财政
                                                   结余的        转的核算        拨款结转资金
                                                   核算
                                                                财政拨款结      "财政拨款结余"科目,核算单位滚存的财政
                                                                余的核算        拨款项目支出结余资金

                                                                通过设置"非财政拨款结转""非财政拨款结余""专用结余"
                                                                "经营结余""非财政拨款结余分配"等科目核算

                                                                非财政拨       非财政拨款结转资金是指事业单位除财政拨款收
                                                                款结转的       支、经营收支以外的各非同级财政拨款专项资金
                                                                核算           收入与其相关支出相抵后剩余滚存的、须按规定
                                    预算结                                     用途使用的结转资金
                                    转结余
                                    及分配                                     非财政拨款结余指单位历年滚存的非限定用途的
                                    业务                     非财政拨         非同级财政拨款结余资金,主要为非财政拨款结
                                                            款结余的         余扣除结余分配后滚存的金额
                                                            核算
                                                   非财
                                                   政拨          专用结余       专用结余是指事业单位按照规定从非财政拨款结
                                                   款结          的核算         余中提取的具有专门用途的资金
                                                   转结
                                                   余的                         "专用结余"科目,核算专用结余资金的变动和
                                                   核算                         滚存情况

                                                            经营结余         "经营结余"科目,核算事业单位本年度经营活动
                                                            的核算           收支相抵后余额弥补以前年度经营亏损的余额
              政府                                                           期末,事业单位应当结转本期经营收支
              会计                 政府
              基础                 单位                      其他结余         "其他结余"科目,核算单位本年度除财政拨款收
第二章                            会计                      的核算           支、非同级财政专项资金收支和经营收支以外各项
会计基础                          核算                                       收支相抵后的余额

                                                            非财政拨       "非财政拨款结余分配"科目,核算事业单位本年
                                                            款结余分       度非财政拨款结余分配的情况和结果
                                                            配的核算

                                           单位财务会计净资产的来源主要包括累计实现的盈余和无偿调拨的净资产

                                                   本期盈        本期         "本期盈余"科目,核算单位本期各项收入、费用相抵
                                                   余及本        盈余         后的余额
                                                   年盈余
                                                   分配         本年盈        "本年盈余分配"科目,核算单位本年度盈余分配的
                                                                余分配       情况和结果

                                                                "专用基金"科目核算事业单位按照规定提取或设置的具有专门
                                                   专用         用途的净资产,主要包括职工福利基金、科技成果转换基金等
                                                   基金
                                                                事业单位从本年度非财政拨款结余或经营结余中提取专用基金的,
                                                                在财务会计中通过"专用基金"科目核算的同时,还应在预算会计
                                                                "专用结余"科目进行核算

                                    净资产                      通常情况下,无偿调拨非现金资产不涉及资金业务,因此不需
                                    业务                 无偿调       要进行预算会计核算
                                                        拨净资
                                                        产           从本质上讲,无偿调拨资产业务属于政府间净资产的变化,调
                                                                     入调出方不确认相应的收入和费用

                                                   权益法        "权益法调整"科目,核算事业单位持有的长期股权投资采用权
                                                   调整          益法核算时,按照被投资单位除净损益和利润分配以外的所有者
                                                                权益变动份额调整长期股权投资账面余额而计入净资产的金额

                                                   以前年        "以前年度盈余调整"科目,核算单位本年度发生的调整以前年
                                                   度盈余        度盈余的事项,包括本年度发生的重要前期差错更正涉及调整以
                                                   调整          前年度盈余的事项

                                                                "累计盈余"科目,核算单位历年实现的盈余扣除盈余分配后滚存的
                                                   累计         金额,以及因无偿调入调出资产产生的净资产变动额
                                                   盈余
                                                                按照规定上缴、缴回、单位间调剂结转结余资金产生的净资产变动
                                                                额,以及对以前年度盈余的调整金额,也通过"累计盈余"科目核算
```

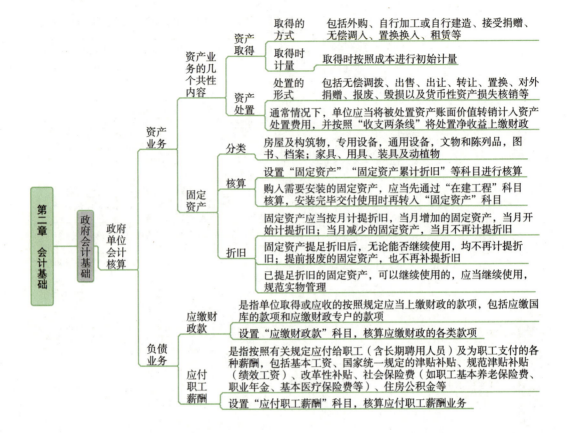

第二章 会计基础 —— 政府会计基础 —— 政府单位会计核算

资产业务
- 资产业务的几个共性内容
  - 资产取得
    - 取得的方式：包括外购、自行加工或自行建造、接受捐赠、无偿调入、置换换入、租赁等
    - 取得时计量：取得时按照成本进行初始计量
  - 资产处置
    - 处置的形式：包括无偿调拨、出售、出让、转让、置换、对外捐赠、报废、毁损以及货币性资产损失核销等
    - 通常情况下，单位应当将被处置资产账面价值转销计入资产处置费用，并按照"收支两条线"将处置净收益上缴财政
- 固定资产
  - 分类：房屋及构筑物，专用设备，通用设备，文物和陈列品，图书、档案；家具、用具、装具及动植物
  - 核算
    - 设置"固定资产""固定资产累计折旧"等科目进行核算
    - 购入需要安装的固定资产，应当先通过"在建工程"科目核算，安装完毕交付使用时再转入"固定资产"科目
  - 折旧
    - 固定资产应当按月计提折旧，当月增加的固定资产，当月开始计提折旧；当月减少的固定资产，当月不再计提折旧
    - 固定资产提足折旧后，无论能否继续使用，均不再计提折旧；提前报废的固定资产，也不再补提折旧
    - 已提足折旧的固定资产，可以继续使用的，应当继续使用，规范实物管理

负债业务
- 应缴财政款
  - 是指单位取得或应收的按照规定应当上缴财政的款项，包括应缴国库的款项和应缴财政专户的款项
  - 设置"应缴财政款"科目，核算应缴财政的各类款项
- 应付职工薪酬
  - 是指按照有关规定应付给职工（含长期聘用人员）及为职工支付的各种薪酬，包括基本工资、国家统一规定的津贴补贴、规范津贴补贴（绩效工资）、改革性补贴、社会保险费（如职工基本养老保险费、职业年金、基本医疗保险费等）、住房公积金等
  - 设置"应付职工薪酬"科目，核算应付职工薪酬业务

第三章　流动资产

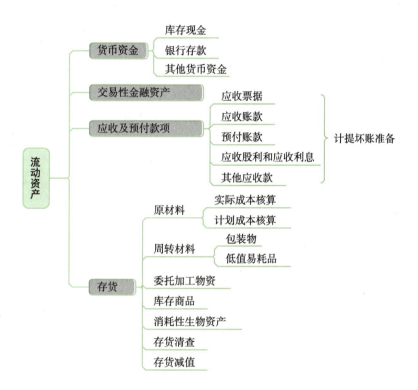

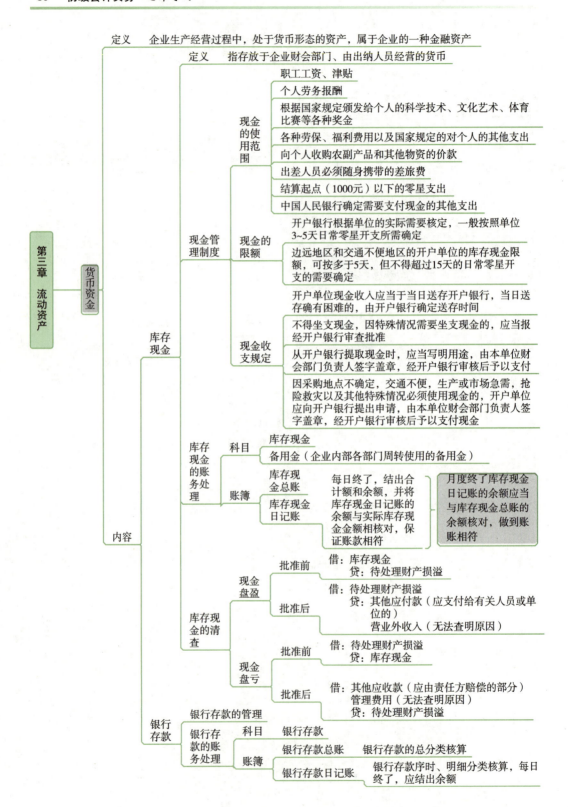

第三章　流动资产

货币资金

定义　企业生产经营过程中，处于货币形态的资产，属于企业的一种金融资产

内容

　　库存现金

　　　现金管理制度

　　　　定义　指存放于企业财会部门、由出纳人员经营的货币

　　　　现金的使用范围
　　　　　职工工资、津贴
　　　　　个人劳务报酬
　　　　　根据国家规定颁发给个人的科学技术、文化艺术、体育比赛等各种奖金
　　　　　各种劳保、福利费用以及国家规定的对个人的其他支出
　　　　　向个人收购农副产品和其他物资的价款
　　　　　出差人员必须随身携带的差旅费
　　　　　结算起点（1000元）以下的零星支出
　　　　　中国人民银行确定需要支付现金的其他支出

　　　　现金的限额
　　　　　开户银行根据单位的实际需要核定，一般按照单位3~5天日常零星开支所需确定
　　　　　边远地区和交通不便地区的开户单位的库存现金限额，可按多于5天，但不得超过15天的日常零星开支的需要确定

　　　　现金收支规定
　　　　　开户单位现金收入应当于当日送存开户银行，当日送存确有困难的，由开户银行确定送存时间
　　　　　不得坐支现金，因特殊情况需要坐支现金的，应当报经开户银行审查批准
　　　　　从开户银行提取现金时，应当写明用途，由本单位财会部门负责人签字盖章，经开户银行审核后予以支付
　　　　　因采购地点不确定，交通不便，生产或市场急需，抢险救灾以及其他特殊情况必须使用现金的，开户单位应向开户银行提出申请，由本单位财会部门负责人签字盖章，经开户银行审核后予以支付现金

　　　库存现金的账务处理
　　　　科目
　　　　　库存现金
　　　　　备用金（企业内部各部门周转使用的备用金）
　　　　账簿
　　　　　库存现金总账
　　　　　库存现金日记账
　　　　　　每日终了，结出合计额和余额，并将库存现金日记账的余额与实际库存现金金额相核对，保证账款相符
　　　　　　月度终了库存现金日记账的余额应当与库存现金总账的余额核对，做到账账相符

　　　库存现金的清查
　　　　现金盘盈
　　　　　批准前　借：库存现金　贷：待处理财产损溢
　　　　　批准后　借：待处理财产损溢　贷：其他应付款（应支付给有关人员或单位的）　营业外收入（无法查明原因）
　　　　现金盘亏
　　　　　批准前　借：待处理财产损溢　贷：库存现金
　　　　　批准后　借：其他应收款（应由责任方赔偿的部分）　管理费用（无法查明原因）　贷：待处理财产损溢

　　银行存款
　　　银行存款的管理
　　　银行存款的账务处理
　　　　科目　银行存款
　　　　账簿
　　　　　银行存款总账　银行存款的总分类核算
　　　　　银行存款日记账　银行存款序时、明细分类核算，每日终了，应结出余额

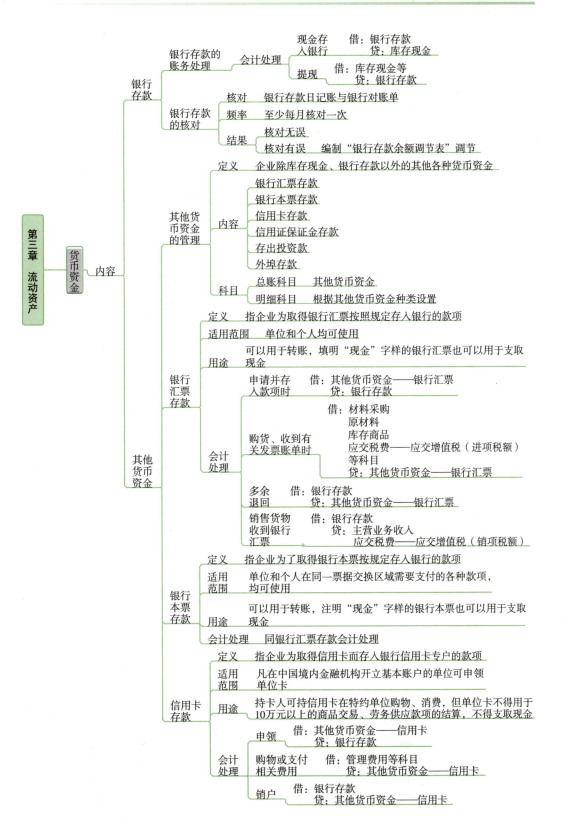

第三章 流动资产

货币资金
- 内容
  - 银行存款
    - 银行存款的账务处理
      - 会计处理
        - 现金存入银行　借：银行存款　贷：库存现金
        - 提现　借：库存现金等　贷：银行存款
    - 银行存款的核对
      - 核对　银行存款日记账与银行对账单
      - 频率　至少每月核对一次
      - 结果
        - 核对无误
        - 核对有误　编制"银行存款余额调节表"调节
  - 其他货币资金
    - 其他货币资金的管理
      - 定义　企业除库存现金、银行存款以外的其他各种货币资金
      - 内容
        - 银行汇票存款
        - 银行本票存款
        - 信用卡存款
        - 信用证保证金存款
        - 存出投资款
        - 外埠存款
      - 科目
        - 总账科目　其他货币资金
        - 明细科目　根据其他货币资金种类设置
    - 银行汇票存款
      - 定义　指企业为取得银行汇票按照规定存入银行的款项
      - 适用范围　单位和个人均可使用
      - 用途　可以用于转账，填明"现金"字样的银行汇票也可以用于支取现金
      - 会计处理
        - 申请并存入款项时　借：其他货币资金——银行汇票　贷：银行存款
        - 购货、收到有关发票账单时　借：材料采购　原材料　库存商品　应交税费——应交增值税（进项税额）　等科目　贷：其他货币资金——银行汇票
        - 多余退回　借：银行存款　贷：其他货币资金——银行汇票
        - 销售货物收到银行汇票　借：银行存款　贷：主营业务收入　应交税费——应交增值税（销项税额）
    - 银行本票存款
      - 定义　指企业为了取得银行本票按规定存入银行的款项
      - 适用范围　单位和个人在同一票据交换区域需要支付的各种款项，均可使用
      - 用途　可以用于转账，注明"现金"字样的银行本票也可以用于支取现金
      - 会计处理　同银行汇票存款会计处理
    - 信用卡存款
      - 定义　指企业为取得信用卡而存入银行信用卡专户的款项
      - 适用范围　凡在中国境内金融机构开立基本账户的单位可申领单位卡
      - 用途　持卡人可持信用卡在特约单位购物、消费，但单位卡不得用于10万元以上的商品交易、劳务供应款项的结算，不得支取现金
      - 会计处理
        - 申领　借：其他货币资金——信用卡　贷：银行存款
        - 购物或支付相关费用　借：管理费用等科目　贷：其他货币资金——信用卡
        - 销户　借：银行存款　贷：其他货币资金——信用卡

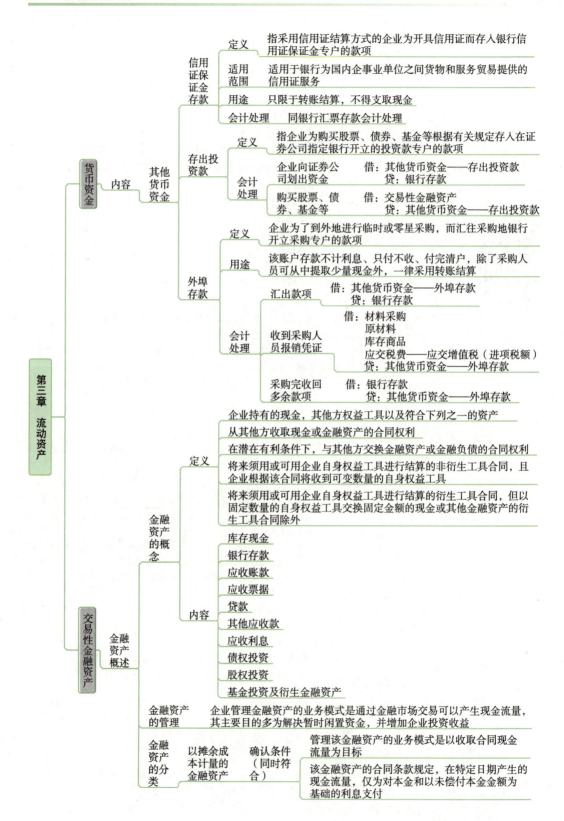

第三章 流动资产

货币资金
　内容
　　其他货币资金
　　　信用证保证金存款
　　　　定义　指采用信用证结算方式的企业为开具信用证而存入银行信用证保证金专户的款项
　　　　适用范围　适用于银行为国内企事业单位之间货物和服务贸易提供的信用证服务
　　　　用途　只限于转账结算，不得支取现金
　　　　会计处理　同银行汇票存款会计处理
　　　存出投资款
　　　　定义　指企业为购买股票、债券、基金等根据有关规定存入在证券公司指定银行开立的投资款专户的款项
　　　　会计处理
　　　　　企业向证券公司划出资金　借：其他货币资金——存出投资款　贷：银行存款
　　　　　购买股票、债券、基金等　借：交易性金融资产　贷：其他货币资金——存出投资款
　　　外埠存款
　　　　定义　企业为了到外地进行临时或零星采购，而汇往采购地银行开立采购专户的款项
　　　　用途　该账户存款不计利息、只付不收、付完清户，除了采购人员可从中提取少量现金外，一律采用转账结算
　　　　会计处理
　　　　　汇出款项　借：其他货币资金——外埠存款　贷：银行存款
　　　　　收到采购人员报销凭证　借：材料采购　原材料　库存商品　应交税费——应交增值税（进项税额）　贷：其他货币资金——外埠存款
　　　　　采购完收回多余款项　借：银行存款　贷：其他货币资金——外埠存款

交易性金融资产
　金融资产概述
　　金融资产的概念
　　　定义
　　　　企业持有的现金，其他方权益工具以及符合下列之一的资产
　　　　从其他方收取现金或金融资产的合同权利
　　　　在潜在有利条件下，与其他方交换金融资产或金融负债的合同权利
　　　　将来须用或可用企业自身权益工具进行结算的非衍生工具合同，且企业根据该合同将收到可变数量的自身权益工具
　　　　将来须用或可用企业自身权益工具进行结算的衍生工具合同，但以固定数量的自身权益工具交换固定金额的现金或其他金融资产的衍生工具合同除外
　　　内容
　　　　库存现金
　　　　银行存款
　　　　应收账款
　　　　应收票据
　　　　贷款
　　　　其他应收款
　　　　应收利息
　　　　债权投资
　　　　股权投资
　　　　基金投资及衍生金融资产
　　金融资产的管理　企业管理金融资产的业务模式是通过金融市场交易可以产生现金流量，其主要目的多为解决暂时闲置资金，并增加企业投资收益
　　金融资产的分类
　　　以摊余成本计量的金融资产
　　　　确认条件（同时符合）
　　　　　管理该金融资产的业务模式是以收取合同现金流量为目标
　　　　　该金融资产的合同条款规定，在特定日期产生的现金流量，仅为对本金和以未偿付本金金额为基础的利息支付

第三章 流动资产
├─ 交易性金融资产
│ ├─ 金融资产概述
│ │ └─ 金融资产的分类
│ │   ├─ 以公允价值计量且其变动计入其他综合收益的金融资产 ── 确认条件（同时符合）
│ │   │   ├─ 管理该金融资产的业务模式，既以收取合同现金流量为目标又以出售该金融资产为目标
│ │   │   └─ 该金融资产的合同条款规定，在特定日期产生的现金流量，仅为对本金和以未偿付本金金额为基础的利息的支付，如其他债权投资
│ │   └─ 以公允价值计量且其变动计入当期损益的金融资产 ── 确认条件 ── 除上述两种分类之外的金融资产
│ │
│ ├─ 交易性金融资产的概念 ── 定义 ── 以公允价值计量且其变动计入当期损益的金融资产
│ │
│ └─ 交易性金融资产的账务处理
│   ├─ 会计科目
│   │ ├─ 交易性金融资产
│   │ ├─ 公允价值变动损益
│   │ └─ 投资收益
│   │
│   ├─ 取得交易性金融资产
│   │ ├─ 规则
│   │ │ ├─ 按照取得时的公允价值作为初始入账金额
│   │ │ ├─ 取得时价款中包含已宣告但尚未发放的现金股利或已到付息期但尚未领取的债券利息，应当单独确认为应收项目
│   │ │ └─ 取得时所发生的相关交易费用应当在发生时计入当期损益，冲减投资收益，发生的交易费用取得增值税专用发票的，进项税额经认证后可从当月销项税额中扣除
│   │ └─ 会计分录
│   │   借：交易性金融资产
│   │   投资收益
│   │   应交税费——应交增值税（进项税额）
│   │   贷：其他货币资金
│   │
│   ├─ 持有交易性金融资产
│   │ ├─ 被投资单位宣告发放现金股利或已到付息期但尚未领取的债券利息，应当确认为应收项目
│   │ │ ├─ 借：应收股利/应收利息
│   │ │ │   贷：投资收益
│   │ │ ├─ 实际收到股利或利息
│   │ │ │   借：其他货币资金
│   │ │ │   贷：应收股利/应收利息
│   │ │ └─ 需强调的是 ── 企业同时满足3个条件，才能确认交易性金融资产所取得的股利或利息收入并计入当期损益
│   │ │   ├─ 一是企业收取股利或利息的权利已经确立
│   │ │   ├─ 二是股利或利息相关的经济利益很可能流入企业
│   │ │   └─ 三是股利或利息的金额能够可靠计量
│   │ └─ 资产负债表日，交易性金融资产应当按照公允价值计量，公允价值与账面余额之间的差异计入当期损益
│   │   ├─ 公允价值>账面余额
│   │   │   借：交易性金融资产——公允价值变动
│   │   │   贷：公允价值变动损益
│   │   └─ 公允价值<账面余额
│   │   借：公允价值变动损益
│   │   贷：交易性金融资产——公允价值变动
│   │
│   ├─ 出售交易性金融资产
│   │   借：其他货币资金
│   │   贷：交易性金融资产——成本
│   │   ——公允价值变动（或借方）
│   │   投资收益（或借方）
│   │
│   └─ 转让金融商品应交增值税
│   ├─ 产生转让收益
│   │   借：投资收益
│   │   贷：应交税费——转让金融商品应交增值税
│   ├─ 产生转让损失
│   │   借：应交税费——转让金融商品应交增值税
│   │   贷：投资收益
│   └─ 年末"应交税费——转让金融商品应交增值税"科目有借方余额，转入当期损益
│   借：投资收益
│   贷：应交税费——转让金融商品应交增值税

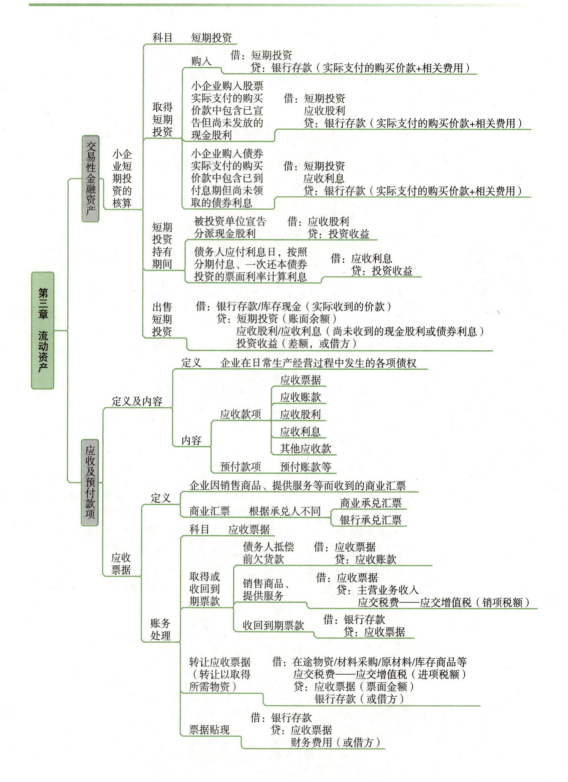

第三章　流动资产

交易性金融资产

小企业短期投资的核算

科目　短期投资

取得短期投资

购入　借：短期投资
　　　　贷：银行存款（实际支付的购买价款+相关费用）

小企业购入股票实际支付的购买价款中包含已宣告但尚未发放的现金股利
借：短期投资
　　应收股利
　　贷：银行存款（实际支付的购买价款+相关费用）

小企业购入债券实际支付的购买价款中包含已到付息期但尚未领取的债券利息
借：短期投资
　　应收利息
　　贷：银行存款（实际支付的购买价款+相关费用）

短期投资持有期间

被投资单位宣告分派现金股利
借：应收股利
　　贷：投资收益

债务人应付利息日，按照分期付息、一次还本债券投资的票面利率计算利息
借：应收利息
　　贷：投资收益

出售短期投资
借：银行存款/库存现金（实际收到的价款）
　　贷：短期投资（账面余额）
　　　　应收股利/应收利息（尚未收到的现金股利或债券利息）
　　　　投资收益（差额，或借方）

应收及预付款项

定义及内容

定义　企业在日常生产经营过程中发生的各项债权

内容

应收款项
应收票据
应收账款
应收股利
应收利息
其他应收款

预付款项　预付账款等

应收票据

定义
企业因销售商品、提供服务等而收到的商业汇票

商业汇票　根据承兑人不同
商业承兑汇票
银行承兑汇票

科目　应收票据

账务处理

取得或收回到期票款

债务人抵偿前欠货款
借：应收票据
　　贷：应收账款

销售商品、提供服务
借：应收票据
　　贷：主营业务收入
　　　　应交税费——应交增值税（销项税额）

收回到期票款
借：银行存款
　　贷：应收票据

转让应收票据（转让以取得所需物资）
借：在途物资/材料采购/原材料/库存商品等
　　应交税费——应交增值税（进项税额）
　　贷：应收票据（票面金额）
　　　　银行存款（或借方）

票据贴现
借：银行存款
　　贷：应收票据
　　　　财务费用（或借方）

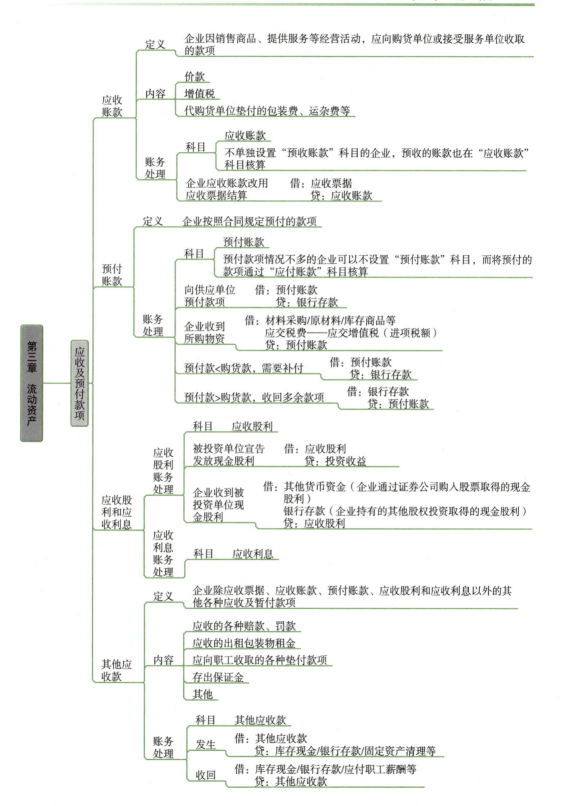

第三章 流动资产

应收及预付款项

应收账款
- 定义：企业因销售商品、提供服务等经营活动，应向购货单位或接受服务单位收取的款项
- 内容
  - 价款
  - 增值税
  - 代购货单位垫付的包装费、运杂费等
- 账务处理
  - 科目
    - 应收账款
    - 不单独设置"预收账款"科目的企业，预收的账款也在"应收账款"科目核算
  - 企业应收账款改用应收票据结算
    - 借：应收票据
    - 贷：应收账款

预付账款
- 定义：企业按照合同规定预付的款项
- 账务处理
  - 科目
    - 预付账款
    - 预付款项情况不多的企业可以不设置"预付账款"科目，而将预付的款项通过"应付账款"科目核算
  - 向供应单位预付款项
    - 借：预付账款
    - 贷：银行存款
  - 企业收到所购物资
    - 借：材料采购/原材料/库存商品等
    - 应交税费——应交增值税（进项税额）
    - 贷：预付账款
  - 预付款<购货款，需要补付
    - 借：预付账款
    - 贷：银行存款
  - 预付款>购货款，收回多余款项
    - 借：银行存款
    - 贷：预付账款

应收股利和应收利息
- 应收股利账务处理
  - 科目：应收股利
  - 被投资单位宣告发放现金股利
    - 借：应收股利
    - 贷：投资收益
  - 企业收到被投资单位现金股利
    - 借：其他货币资金（企业通过证券公司购入股票取得的现金股利）
    - 银行存款（企业持有的其他股权投资取得的现金股利）
    - 贷：应收股利
- 应收利息账务处理
  - 科目：应收利息

其他应收款
- 定义：企业除应收票据、应收账款、预付账款、应收股利和应收利息以外的其他各种应收及暂付款项
- 内容
  - 应收的各种赔款、罚款
  - 应收的出租包装物租金
  - 应向职工收取的各种垫付款项
  - 存出保证金
  - 其他
- 账务处理
  - 科目：其他应收款
  - 发生
    - 借：其他应收款
    - 贷：库存现金/银行存款/固定资产清理等
  - 收回
    - 借：库存现金/银行存款/应付职工薪酬等
    - 贷：其他应收款

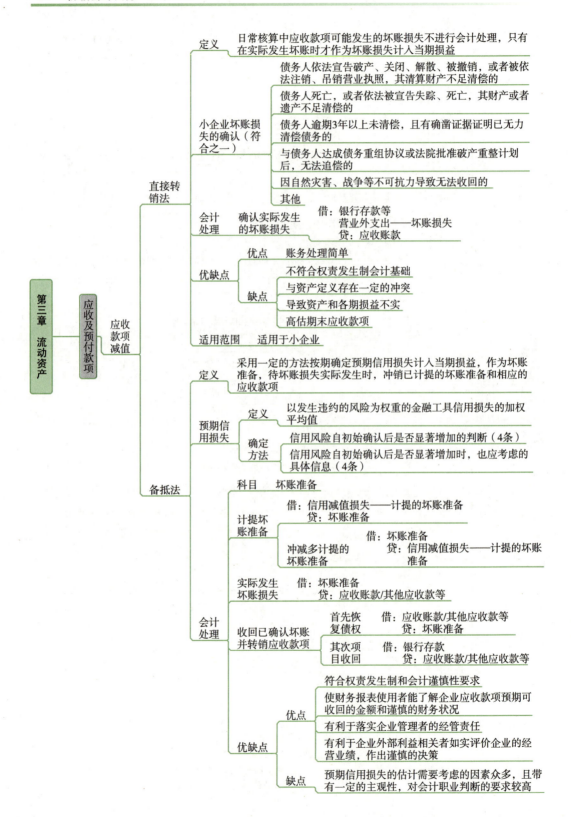

第三章 流动资产

应收及预付款项

应收款项减值

直接转销法

定义　日常核算中应收款项可能发生的坏账损失不进行会计处理，只有在实际发生坏账时才作为坏账损失计入当期损益

小企业坏账损失的确认（符合之一）
- 债务人依法宣告破产、关闭、解散、被撤销，或者被依法注销、吊销营业执照，其清算财产不足清偿的
- 债务人死亡，或者依法被宣告失踪、死亡，其财产或者遗产不足清偿的
- 债务人逾期3年以上未清偿，且有确凿证据证明已无力清偿债务的
- 与债务人达成债务重组协议或法院批准破产重整计划后，无法追偿的
- 因自然灾害、战争等不可抗力导致无法收回的
- 其他

会计处理　确认实际发生的坏账损失
借：银行存款等
　　营业外支出——坏账损失
　贷：应收账款

优缺点
- 优点　账务处理简单
- 缺点
  - 不符合权责发生制会计基础
  - 与资产定义存在一定的冲突
  - 导致资产和各期损益不实
  - 高估期末应收款项

适用范围　适用于小企业

备抵法

定义　采用一定的方法按期确定预期信用损失计入当期损益，作为坏账准备，待坏账损失实际发生时，冲销已计提的坏账准备和相应的应收款项

预期信用损失
- 定义　以发生违约的风险为权重的金融工具信用损失的加权平均值
- 确定方法
  - 信用风险自初始确认后是否显著增加的判断（4条）
  - 信用风险自初始确认后是否显著增加时，也应考虑的具体信息（4条）

会计处理

科目　坏账准备

计提坏账准备
借：信用减值损失——计提的坏账准备
　贷：坏账准备

冲减多计提的坏账准备
借：坏账准备
　贷：信用减值损失——计提的坏账准备

实际发生坏账损失
借：坏账准备
　贷：应收账款/其他应收款等

收回已确认坏账并转销应收款项
- 首先恢复债权
借：应收账款/其他应收款等
　贷：坏账准备
- 其次项目收回
借：银行存款
　贷：应收账款/其他应收款等

优缺点
- 优点
  - 符合权责发生制和会计谨慎性要求
  - 使财务报表使用者能了解企业应收款项预期可收回的金额和谨慎的财务状况
  - 有利于落实企业管理者的经管责任
  - 有利于企业外部利益相关者如实评价企业的经营业绩，作出谨慎的决策
- 缺点　预期信用损失的估计需要考虑的因素众多，且带有一定的主观性，对会计职业判断的要求较高

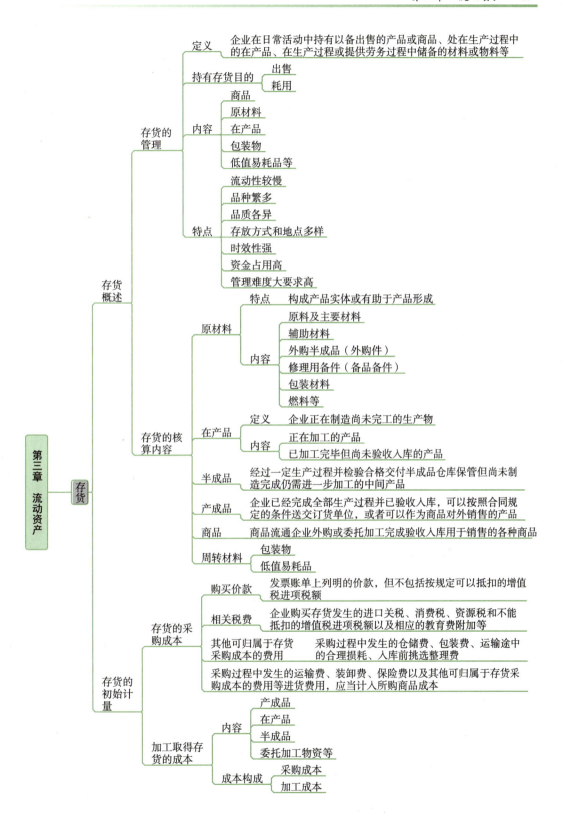

第三章 流动资产 —— 存货

存货概述

　存货的管理

　　定义：企业在日常活动中持有以备出售的产品或商品、处在生产过程中的在产品、在生产过程或提供劳务过程中储备的材料或物料等

　　持有存货目的
　　　出售
　　　耗用

　　内容
　　　商品
　　　原材料
　　　在产品
　　　包装物
　　　低值易耗品等

　　特点
　　　流动性较慢
　　　品种繁多
　　　品质各异
　　　存放方式和地点多样
　　　时效性强
　　　资金占用高
　　　管理难度大要求高

　存货的核算内容

　　原材料
　　　特点：构成产品实体或有助于产品形成
　　　内容
　　　　原料及主要材料
　　　　辅助材料
　　　　外购半成品（外购件）
　　　　修理用备件（备品备件）
　　　　包装材料
　　　　燃料等

　　在产品
　　　定义：企业正在制造尚未完工的生产物
　　　内容
　　　　正在加工的产品
　　　　已加工完毕但尚未验收入库的产品

　　半成品：经过一定生产过程并检验合格交付半成品仓库保管但尚未制造完成仍需进一步加工的中间产品

　　产成品：企业已经完成全部生产过程并已验收入库，可以按照合同规定的条件送交订货单位，或者可以作为商品对外销售的产品

　　商品：商品流通企业外购或委托加工完成验收入库用于销售的各种商品

　　周转材料
　　　包装物
　　　低值易耗品

存货的初始计量

　存货的采购成本

　　购买价款：发票账单上列明的价款，但不包括按规定可以抵扣的增值税进项税额

　　相关税费：企业购买存货发生的进口关税、消费税、资源税和不能抵扣的增值税进项税额以及相应的教育费附加等

　　其他可归属于存货采购成本的费用：采购过程中发生的仓储费、包装费、运输途中的合理损耗、入库前挑选整理费

　　采购过程中发生的运输费、装卸费、保险费以及其他可归属于存货采购成本的费用等进货费用，应当计入所购商品成本

　加工取得存货的成本

　　内容
　　　产成品
　　　在产品
　　　半成品
　　　委托加工物资等

　　成本构成
　　　采购成本
　　　加工成本

第三章　流动资产

存货

存货的初始计量

- 存货的其他成本
  - 定义：除采购成本、加工成本以外的，使存货达到目前场所和状态所发生的其他支出
  - 为特定客户设计产品所发生的、可直接认定的产品设计费用应计入存货的成本，但是企业设计产品发生的设计费用通常应计入当期损益
- 企业自制存货的成本
  - 直接材料
  - 直接人工
  - 制造费用
- 不应计入存货成本，而应在发生时计入当期损益
  - 非正常消耗的直接材料、直接人工和制造费用，应在发生时计入当期损益
  - 企业存货采购入库后发生的储存费用，应在发生时计入当期损益
  - 不能归属于使存货达到目前场所和状态的其他支出

发出存货的计价方法

- 发出存货计价方法的管理
  - 企业应当根据各类存货的实物流转方式、存货的性质、企业管理的要求等实际情况，合理地选择发出存货成本计算方法
  - 对于性质和用途相同的存货，应当采用相同的成本计价方法确定发出存货的成本
  - 企业发出的存货可以按实际成本核算，也可以按计划成本核算。如采用计划成本核算，会计期末应调整为实际成本
  - 实际成本核算方式下发出存货成本计价方法有个别计价法、先进先出法、月末一次加权平均法和移动加权平均法
  - 小企业应当采用先进先出法、加权平均法或者个别计价法确定发出存货的成本
  - 计价方法一经选用，不得随意变更
- 个别计价法
  - 定义：假设存货具体项目的实物流转与成本流转相一致，按照各种存货逐一辨认各批发出存货和期末存货所属的购进批别或生产批别，分别按其购入或生产时所确定的单位成本计算各批发出存货和期末存货成本的方法
  - 特点：此方法下，把每一种存货的实际成本作为计算发出存货成本和期末存货成本的基础
  - 优缺点
    - 优点：符合实际情况
    - 缺点：存货收发频繁情况下，其发出成本分辨的工作量较大
  - 适用范围：适用于一般不能替代使用的存货，为特定目的专门购入或制造的存货以及提供的劳务，如珠宝、名画等贵重物品
- 先进先出法
  - 定义：以先购入的存货应先发出这样一种存货实物流动假设为前提，对发出存货进行计价的一种方法
  - 特点
    - 先购入的存货成本在后购入存货成本之前转出
    - 在物价持续上升时，期末存货成本接近于市价，而发出成本偏低，会高估企业当期利润和库存存货价值；反之，会低估企业存货价值和当期利润
  - 优缺点
    - 优点：可以随时结转存货发出成本
    - 缺点
      - 较为烦琐
      - 如存货收发业务较多，且存货单价不稳定时，其工作量较大
- 月末一次加权平均法
  - 定义：以本月全部进货数量加上月初存货数量作为权数，去除本月全部进货成本，加上月初存货成本，计算出存货的加权平均单位成本，以此为基础计算本月发出存货的成本和期末结存货的成本的一种方法
  - 特点：只在月末一次计算加权平均单价
  - 优缺点
    - 优点：可以简化成本计算工作
    - 缺点：不便于存货成本的日常管理与控制

第三章 流动资产 — 存货

- 发出存货的计价方法
  - 移动加权平均法
    - 定义：以每次进货的成本加上原有结存存货的成本的合计额，除以每次进货数量加上原有结存存货的数量的合计数，据以计算加权平均单位成本，作为在下次进货前计算各次发出存货成本依据的一种方法
    - 优缺点
      - 优点
        - 能够使企业管理层及时了解存货的结存情况
        - 计算的平均单位成本以及发出和结存的存货成本比较客观
      - 缺点：计算工作量较大

- 原材料
  - 核算方法
    - 实际成本法
    - 计划成本法
  - 科目
    - "原材料"
    - "在途物资"
    - "应付账款"等
  - 采用实际成本核算
    - 账务处理
      - 购入材料
        - 发票账单与材料同时到达，并已验收入库
          - 借：原材料
            应交税费——应交增值税（进项税额）
            贷：银行存款/其他货币资金/银行汇票等
        - 货款已付，材料尚未到达或尚未验收入库
          - 借：在途物资
            应交税费——应交增值税（进项税额）
            贷：银行存款等
          - 入库后
            - 借：原材料
              贷：在途物资
        - 材料已验收入库，货款尚未支付
          - 当月暂估入库
            - 借：原材料
              贷：应付账款——暂估应付账款
          - 下月月初红字冲销原暂估入账
          - 收到发票账单并支付货款
            - 借：原材料
              应交税费——应交增值税（进项税额）
              贷：银行存款/应付票据
        - 货款已预付，材料尚未验收入库
          - 预付货款
            - 借：预付账款
              贷：银行存款
          - 材料入库时
            - 借：原材料
              应交税费——应交增值税（进项税额）
              贷：预付账款
          - 补付货款
            - 借：预付账款
              贷：银行存款
          - 退回多余货款
            - 借：银行存款
              贷：预付账款
      - 发出材料
        - 生产经营管理领用材料
          - 借：生产成本
            制造费用
            销售费用
            管理费用等
            贷：原材料
        - 出售材料结转成本
          - 借：其他业务成本
            贷：原材料
        - 发出委托外单位加工的材料
          - 借：委托加工物资
            贷：原材料

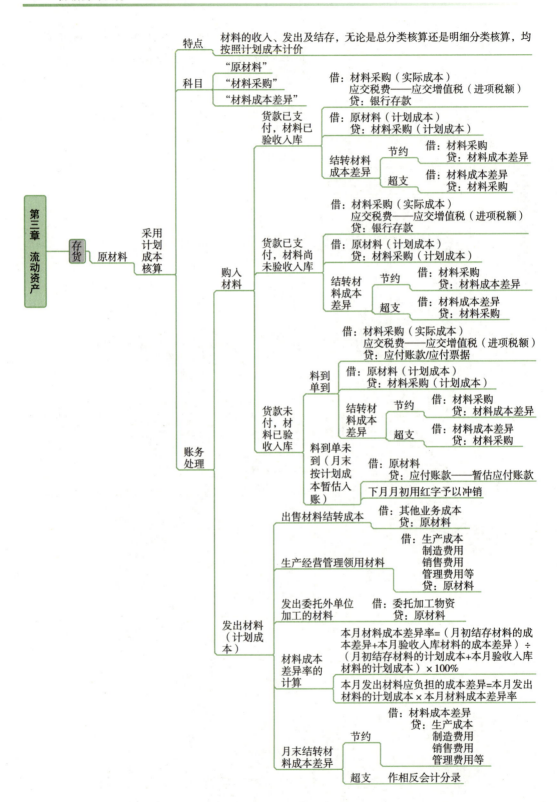

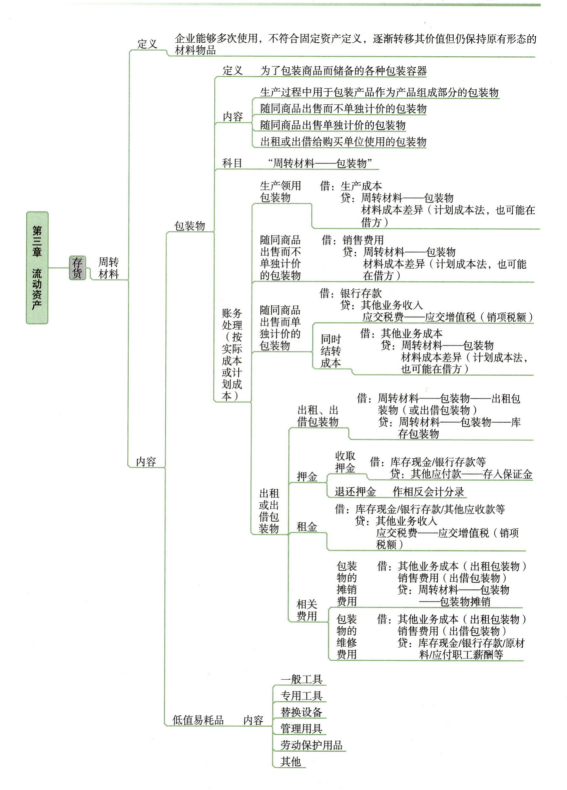

第三章 流动资产

存货

周转材料

定义　企业能够多次使用，不符合固定资产定义，逐渐转移其价值但仍保持原有形态的材料物品

内容

包装物

定义　为了包装商品而储备的各种包装容器

内容
生产过程中用于包装产品作为产品组成部分的包装物
随同商品出售而不单独计价的包装物
随同商品出售单独计价的包装物
出租或出借给购买单位使用的包装物

科目　"周转材料——包装物"

账务处理（按实际成本或计划成本）

生产领用包装物
借：生产成本
　贷：周转材料——包装物
　　　材料成本差异（计划成本法，也可能在借方）

随同商品出售而不单独计价的包装物
借：销售费用
　贷：周转材料——包装物
　　　材料成本差异（计划成本法，也可能在借方）

随同商品出售而单独计价的包装物
借：银行存款
　贷：其他业务收入
　　　应交税费——应交增值税（销项税额）

同时结转成本
借：其他业务成本
　贷：周转材料——包装物
　　　材料成本差异（计划成本法，也可能在借方）

出租或出借包装物

出租、出借包装物
借：周转材料——包装物——出租包装物（或出借包装物）
　贷：周转材料——包装物——库存包装物

押金
收取押金
借：库存现金/银行存款等
　贷：其他应付款——存入保证金
退还押金　作相反会计分录

租金
借：库存现金/银行存款/其他应收款等
　贷：其他业务收入
　　　应交税费——应交增值税（销项税额）

相关费用
包装物的摊销费用
借：其他业务成本（出租包装物）
　　销售费用（出借包装物）
　贷：周转材料——包装物——包装物摊销

包装物的维修费用
借：其他业务成本（出租包装物）
　　销售费用（出借包装物）
　贷：库存现金/银行存款/原材料/应付职工薪酬等

低值易耗品

内容
一般工具
专用工具
替换设备
管理用具
劳动保护用品
其他

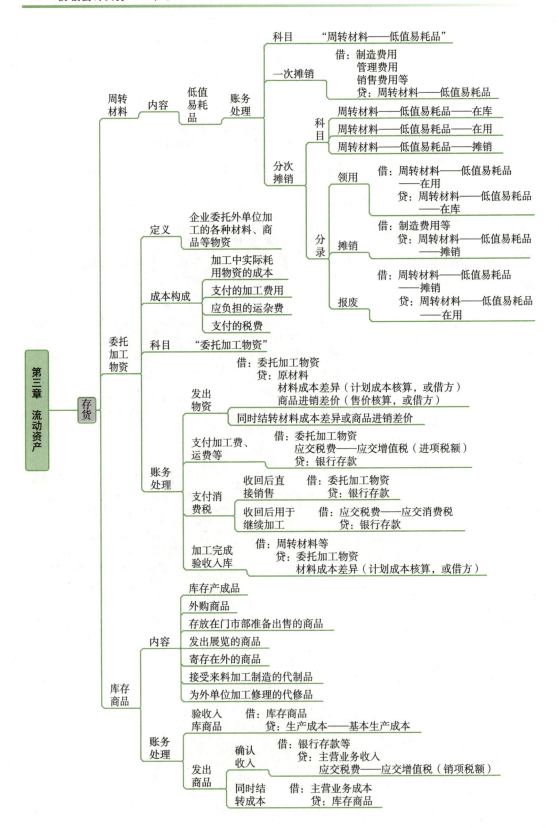

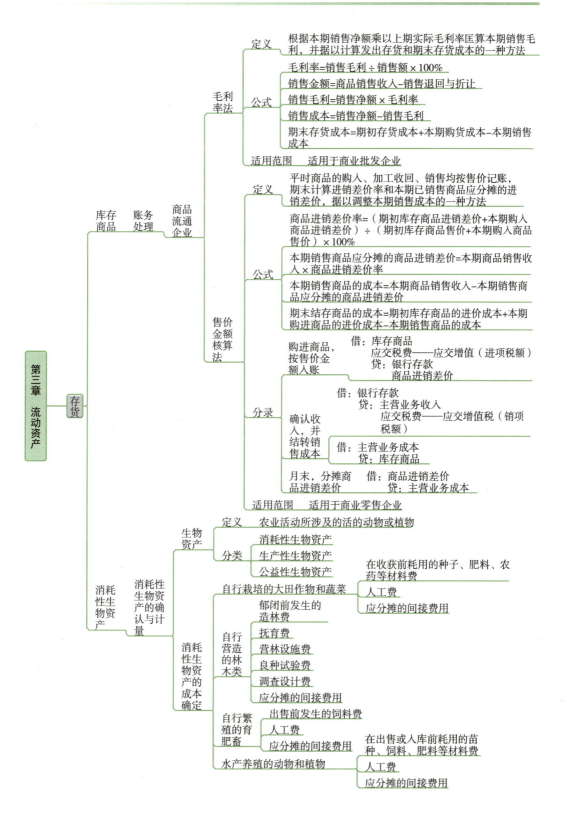

第三章 流动资产

存货

库存商品 —— 账务处理 —— 商品流通企业

毛利率法
- 定义：根据本期销售净额乘以上期实际毛利率匡算本期销售毛利，并据以计算发出存货和期末存货成本的一种方法
- 公式：
  - 毛利率=销售毛利÷销售额×100%
  - 销售金额=商品销售收入－销售退回与折让
  - 销售毛利=销售净额×毛利率
  - 销售成本=销售净额－销售毛利
  - 期末存货成本=期初存货成本+本期购货成本－本期销售成本
- 适用范围：适用于商业批发企业

售价金额核算法
- 定义：平时商品的购入、加工收回、销售均按售价记账，期末计算进销差价率和本期已销售商品应分摊的进销差价，据以调整本期销售成本的一种方法
- 公式：
  - 商品进销差价率=（期初库存商品进销差价+本期购入商品进销差价）÷（期初库存商品售价+本期购入商品售价）×100%
  - 本期销售商品应分摊的商品进销差价=本期商品销售收入×商品进销差价率
  - 本期销售商品的成本=本期商品销售收入－本期销售商品应分摊的商品进销差价
  - 期末结存商品的成本=期初库存商品的进价成本+本期购进商品的进价成本－本期销售商品的成本
- 分录：
  - 购进商品，按售价金额入账：借：库存商品　应交税费——应交增值（进项税额）　贷：银行存款　商品进销差价
  - 确认收入，并结转销售成本：借：银行存款　贷：主营业务收入　应交税费——应交增值税（销项税额）　借：主营业务成本　贷：库存商品
  - 月末，分摊商品进销差价：借：商品进销差价　贷：主营业务成本
- 适用范围：适用于商业零售企业

消耗性生物资产 —— 消耗性生物资产的确认与计量

生物资产
- 定义：农业活动所涉及的活的动物或植物
- 分类：
  - 消耗性生物资产
  - 生产性生物资产
  - 公益性生物资产

消耗性生物资产的成本确定
- 自行栽培的大田作物和蔬菜
  - 在收获前耗用的种子、肥料、农药等材料费
  - 人工费
  - 应分摊的间接费用
- 自行营造的林木类
  - 郁闭前发生的造林费
  - 抚育费
  - 营林设施费
  - 良种试验费
  - 调查设计费
  - 应分摊的间接费用
- 自行繁殖的育肥畜
  - 出售前发生的饲料费
  - 人工费
  - 应分摊的间接费用
- 水产养殖的动物和植物
  - 在出售或入库前耗用的苗种、饲料、肥料等材料费
  - 人工费
  - 应分摊的间接费用

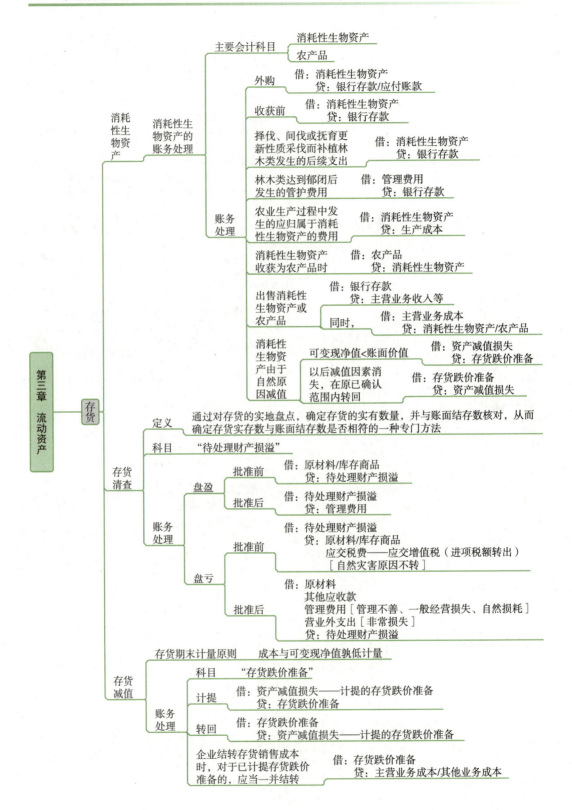

第四章　非流动资产

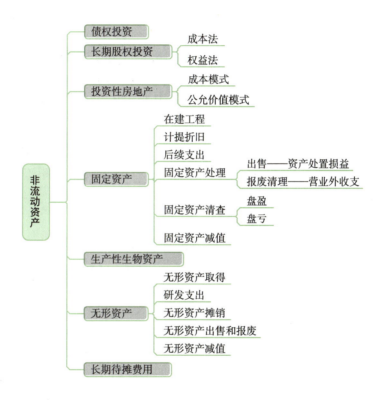

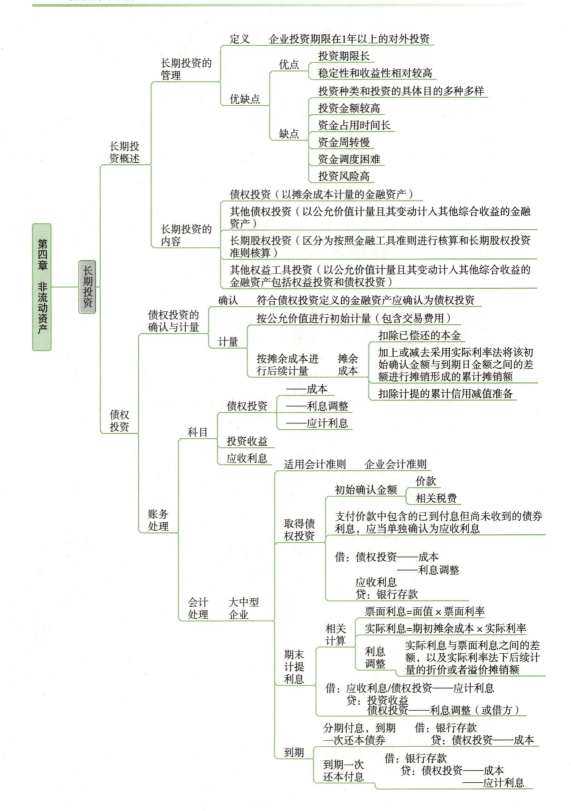

第四章 非流动资产

长期投资

长期投资概述
- 长期投资的管理
  - 定义：企业投资期限在1年以上的对外投资
  - 优缺点
    - 优点
      - 投资期限长
      - 稳定性和收益性相对较高
    - 缺点
      - 投资种类和投资的具体目的多种多样
      - 投资金额较高
      - 资金占用时间长
      - 资金周转慢
      - 资金调度困难
      - 投资风险高
- 长期投资的内容
  - 债权投资（以摊余成本计量的金融资产）
  - 其他债权投资（以公允价值计量且其变动计入其他综合收益的金融资产）
  - 长期股权投资（区分为按照金融工具准则进行核算和长期股权投资准则核算）
  - 其他权益工具投资（以公允价值计量且其变动计入其他综合收益的金融资产包括权益投资和债权投资）

债权投资
- 债权投资的确认与计量
  - 确认：符合债权投资定义的金融资产应确认为债权投资
  - 计量
    - 按公允价值进行初始计量（包含交易费用）
    - 按摊余成本进行后续计量
      - 摊余成本
        - 扣除已偿还的本金
        - 加上或减去采用实际利率法将该初始确认金额与到期日金额之间的差额进行摊销形成的累计摊销额
        - 扣除计提的累计信用减值准备
- 账务处理
  - 科目
    - 债权投资
      - ——成本
      - ——利息调整
      - ——应计利息
    - 投资收益
    - 应收利息
  - 会计处理
    - 适用会计准则：企业会计准则
    - 大中型企业
      - 取得债权投资
        - 初始确认金额
          - 价款
          - 相关税费
        - 支付价款中包含的已到付息但尚未收到的债券利息，应当单独确认为应收利息
        - 借：债权投资——成本
          - ——利息调整
          - 应收利息
          - 贷：银行存款
      - 期末计提利息
        - 相关计算
          - 票面利息=面值×票面利率
          - 实际利息=期初摊余成本×实际利率
          - 利息调整：实际利息与票面利息之间的差额，以及实际利率法下后续计量的折价或者溢价摊销额
        - 借：应收利息/债权投资——应计利息
          - 贷：投资收益
          - 债权投资——利息调整（或借方）
      - 到期
        - 分期付息，到期一次还本债券
          - 借：银行存款
          - 贷：债权投资——成本
        - 到期一次还本付息
          - 借：银行存款
          - 贷：债权投资——成本
          - ——应计利息

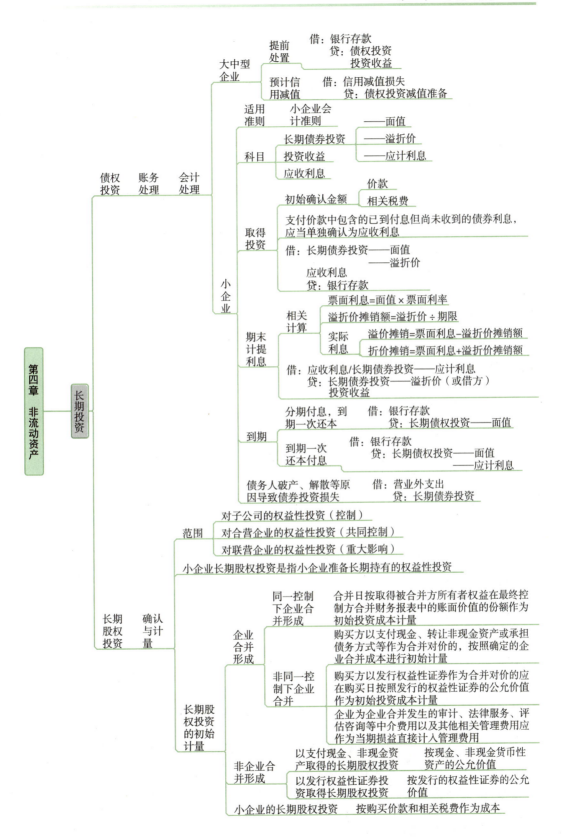

第四章 非流动资产

长期投资

债权投资 — 账务处理 — 会计处理

大中型企业
- 提前处置：借：银行存款　贷：债权投资　投资收益
- 预计信用减值：借：信用减值损失　贷：债权投资减值准备

小企业
- 适用准则：小企业会计准则
- 科目：
  - 长期债券投资——面值——溢折价——应计利息
  - 投资收益
  - 应收利息
- 取得投资
  - 初始确认金额：价款　相关税费
  - 支付价款中包含的已到付息但尚未收到的债券利息，应当单独确认为应收利息
  - 借：长期债券投资——面值——溢折价　应收利息　贷：银行存款
- 期末计提利息
  - 相关计算
    - 票面利息=面值×票面利率
    - 溢折价摊销额=溢折价÷期限
    - 实际利息
      - 溢价摊销=票面利息-溢折价摊销额
      - 折价摊销=票面利息+溢折价摊销额
  - 借：应收利息/长期债券投资——应计利息　贷：长期债券投资——溢折价（或借方）　投资收益
- 到期
  - 分期付息，到期一次还本：借：银行存款　贷：长期债权投资——面值
  - 到期一次还本付息：借：银行存款　贷：长期债权投资——面值——应计利息
- 债务人破产、解散等原因导致债券投资损失：借：营业外支出　贷：长期债券投资

长期股权投资 — 确认与计量

范围
- 对子公司的权益性投资（控制）
- 对合营企业的权益性投资（共同控制）
- 对联营企业的权益性投资（重大影响）

小企业长期股权投资是指小企业准备长期持有的权益性投资

长期股权投资的初始计量
- 企业合并形成
  - 同一控制下企业合并形成：合并日按取得被合并方所有者权益在最终控制方合并财务报表中的账面价值的份额作为初始投资成本计量
  - 非同一控制下企业合并
    - 购买方以支付现金、转让非现金资产或承担债务方式等作为合并对价的，按照确定的企业合并成本进行初始计量
    - 购买方以发行权益性证券作为合并对价的应在购买日按照发行的权益性证券的公允价值作为初始投资成本计量
  - 企业为企业合并发生的审计、法律服务、评估咨询等中介费用以及其他相关管理费用应作为当期损益直接计入管理费用
- 非企业合并形成
  - 以支付现金、非现金资产取得的长期股权投资：按现金、非现金货币性资产的公允价值
  - 以发行权益性证券投资取得长期股权投资：按发行的权益性证券的公允价值
- 小企业的长期股权投资：按购买价款和相关税费作为成本

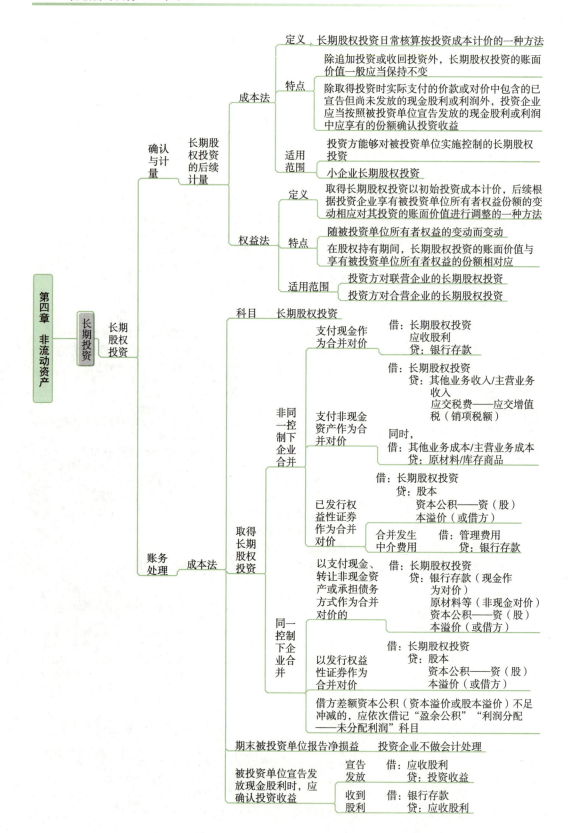

第四章 非流动资产

长期投资

长期股权投资

确认与计量 —— 长期股权投资的后续计量

成本法
- 定义：长期股权投资日常核算按投资成本计价的一种方法
- 特点
  - 除追加投资或收回投资外，长期股权投资的账面价值一般应当保持不变
  - 除取得投资时实际支付的价款或对价中包含的已宣告但尚未发放的现金股利或利润外，投资企业应当按照被投资单位宣告发放的现金股利或利润中应享有的份额确认投资收益
- 适用范围
  - 投资方能够对被投资单位实施控制的长期股权投资
  - 小企业长期股权投资

权益法
- 定义：取得长期股权投资以初始投资成本计价，后续根据投资企业享有被投资单位所有者权益份额的变动相应对其投资的账面价值进行调整的一种方法
- 特点
  - 随被投资单位所有者权益的变动而变动
  - 在股权持有期间，长期股权投资的账面价值与享有被投资单位所有者权益的份额相对应
- 适用范围
  - 投资方对联营企业的长期股权投资
  - 投资方对合营企业的长期股权投资

账务处理 —— 成本法

科目：长期股权投资

取得长期股权投资

非同一控制下企业合并
- 支付现金作为合并对价
  - 借：长期股权投资
    应收股利
    贷：银行存款
- 支付非现金资产作为合并对价
  - 借：长期股权投资
    贷：其他业务收入/主营业务收入
    应交税费——应交增值税（销项税额）
  - 同时，
    借：其他业务成本/主营业务成本
    贷：原材料/库存商品
- 已发行权益性证券作为合并对价
  - 借：长期股权投资
    贷：股本
    资本公积——资（股）本溢价（或借方）
  - 合并发生中介费用
    借：管理费用
    贷：银行存款

同一控制下企业合并
- 以支付现金、转让非现金资产或承担债务方式作为合并对价的
  - 借：长期股权投资
    贷：银行存款（现金作为对价）
    原材料等（非现金对价）
    资本公积——资（股）本溢价（或借方）
- 以发行权益性证券作为合并对价
  - 借：长期股权投资
    贷：股本
    资本公积——资（股）本溢价（或借方）
- 借方差额资本公积（资本溢价或股本溢价）不足冲减的，应依次借记"盈余公积""利润分配——未分配利润"科目

期末被投资单位报告净损益：投资企业不做会计处理

被投资单位宣告发放现金股利时，应确认投资收益
- 宣告发放
  - 借：应收股利
    贷：投资收益
- 收到股利
  - 借：银行存款
    贷：应收股利

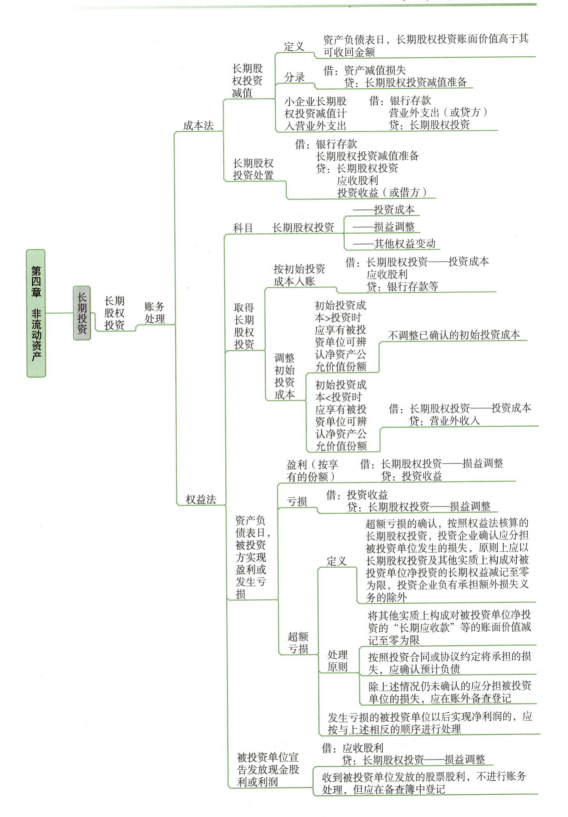

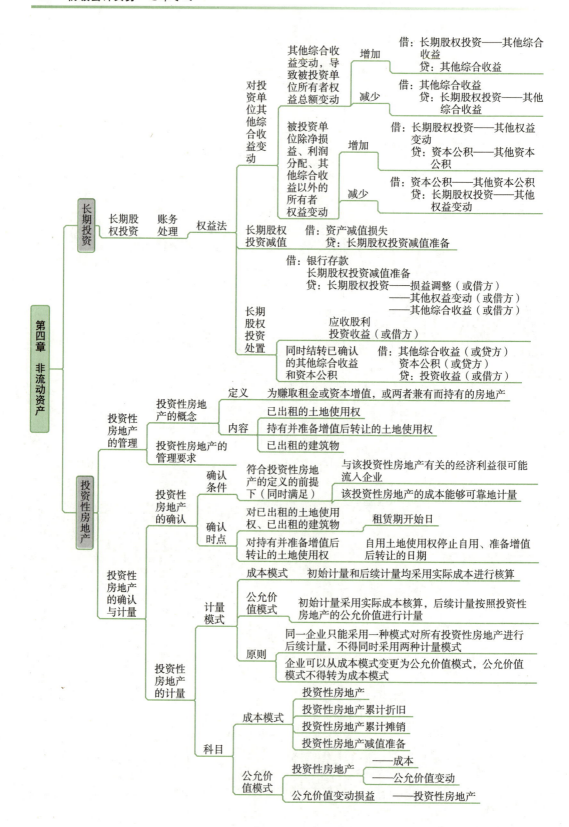

第四章 非流动资产

长期投资

长期股权投资 — 账务处理 — 权益法
- 对投资单位其他综合收益变动
  - 其他综合收益变动，导致被投资单位所有者权益总额变动
    - 增加：借：长期股权投资——其他综合收益　贷：其他综合收益
    - 减少：借：其他综合收益　贷：长期股权投资——其他综合收益
  - 被投资单位除净损益、利润分配、其他综合收益以外的所有者权益变动
    - 增加：借：长期股权投资——其他权益变动　贷：资本公积——其他资本公积
    - 减少：借：资本公积——其他资本公积　贷：长期股权投资——其他权益变动
- 长期股权投资减值：借：资产减值损失　贷：长期股权投资减值准备
- 长期股权投资处置：
  借：银行存款
  　　长期股权投资减值准备
  贷：长期股权投资——损益调整（或借方）
  　　　　　　　——其他权益变动（或借方）
  　　　　　　　——其他综合收益（或借方）
  　　应收股利
  　　投资收益（或借方）
  - 同时结转已确认的其他综合收益和资本公积：
    借：其他综合收益（或贷方）
    　　资本公积（或贷方）
    贷：投资收益（或借方）

投资性房地产

投资性房地产的管理 — 投资性房地产的概念
- 定义：为赚取租金或资本增值，或两者兼有而持有的房地产
- 内容
  - 已出租的土地使用权
  - 持有并准备增值后转让的土地使用权
  - 已出租的建筑物
- 投资性房地产的管理要求

投资性房地产的确认与计量 — 投资性房地产的确认
- 确认条件：符合投资性房地产的定义的前提下（同时满足）
  - 与该投资性房地产有关的经济利益很可能流入企业
  - 该投资性房地产的成本能够可靠地计量
- 确认时点
  - 对已出租的土地使用权、已出租的建筑物：租赁期开始日
  - 对持有并准备增值后转让的土地使用权：自用土地使用权停止自用、准备增值后转让的日期

投资性房地产的计量 — 计量模式
- 成本模式：初始计量和后续计量均采用实际成本进行核算
- 公允价值模式：初始计量采用实际成本核算，后续计量按照投资性房地产的公允价值进行计量
- 原则
  - 同一企业只能采用一种模式对所有投资性房地产进行后续计量，不得同时采用两种计量模式
  - 企业可以从成本模式变更为公允价值模式，公允价值模式不得转为成本模式
- 科目
  - 成本模式
    - 投资性房地产
    - 投资性房地产累计折旧
    - 投资性房地产累计摊销
    - 投资性房地产减值准备
  - 公允价值模式
    - 投资性房地产——成本
    - 投资性房地产——公允价值变动
    - 公允价值变动损益——投资性房地产

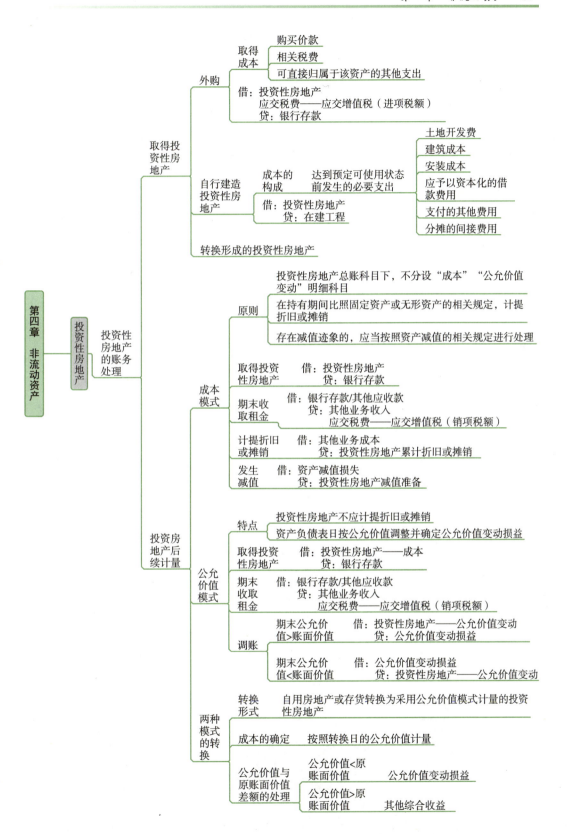

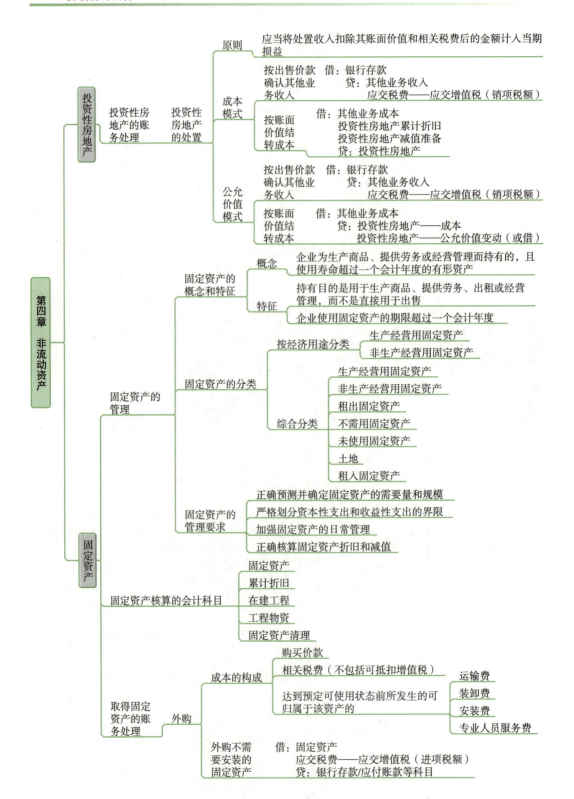

投资性房地产
投资性房地产的账务处理
投资性房地产的处置
原则　应当将处置收入扣除其账面价值和相关税费后的金额计入当期损益
成本模式
按出售价款确认其他业务收入　借：银行存款　贷：其他业务收入　　　应交税费——应交增值税（销项税额）
按账面价值结转成本　借：其他业务成本　投资性房地产累计折旧　投资性房地产减值准备　贷：投资性房地产
公允价值模式
按出售价款确认其他业务收入　借：银行存款　贷：其他业务收入　　　应交税费——应交增值税（销项税额）
按账面价值结转成本　借：其他业务成本　贷：投资性房地产——成本　　　投资性房地产——公允价值变动（或借）

第四章　非流动资产

固定资产

固定资产的管理

固定资产的概念和特征
概念　企业为生产商品、提供劳务或经营管理而持有的，且使用寿命超过一个会计年度的有形资产
特征
持有目的是用于生产商品、提供劳务、出租或经营管理，而不是直接用于出售
企业使用固定资产的期限超过一个会计年度

固定资产的分类
按经济用途分类　生产经营用固定资产　非生产经营用固定资产
综合分类　生产经营用固定资产　非生产经营用固定资产　租出固定资产　不需用固定资产　未使用固定资产　土地　租入固定资产

固定资产的管理要求
正确预测并确定固定资产的需要量和规模
严格划分资本性支出和收益性支出的界限
加强固定资产的日常管理
正确核算固定资产折旧和减值

固定资产核算的会计科目
固定资产
累计折旧
在建工程
工程物资
固定资产清理

取得固定资产的账务处理
外购
成本的构成
购买价款
相关税费（不包括可抵扣增值税）
达到预定可使用状态前所发生的可归属于该资产的　运输费　装卸费　安装费　专业人员服务费
外购不需要安装的固定资产　借：固定资产　应交税费——应交增值税（进项税额）　贷：银行存款/应付账款等科目

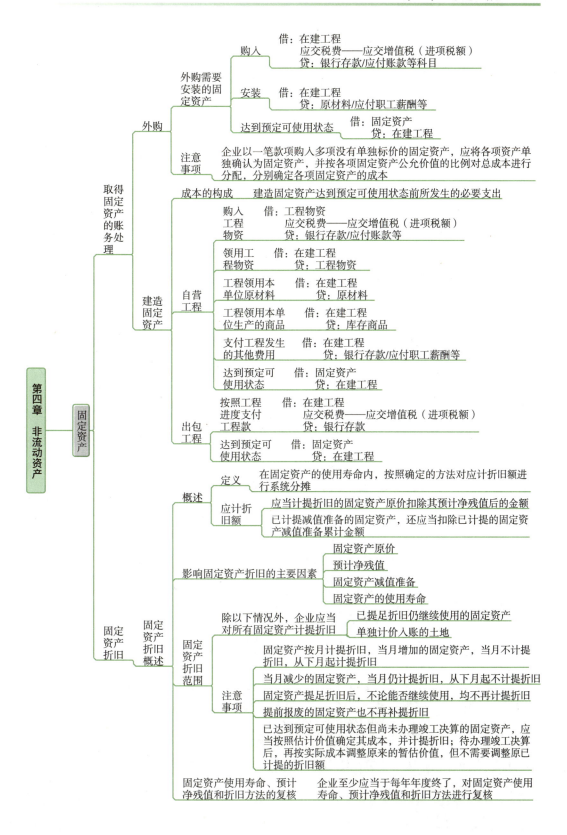

第四章 非流动资产
├─ 固定资产
│ ├─ 取得固定资产的账务处理
│ │ ├─ 外购
│ │ │ ├─ 外购需要安装的固定资产
│ │ │ │ ├─ 购入　借：在建工程　应交税费——应交增值税（进项税额）　贷：银行存款/应付账款等科目
│ │ │ │ ├─ 安装　借：在建工程　贷：原材料/应付职工薪酬等
│ │ │ │ └─ 达到预定可使用状态　借：固定资产　贷：在建工程
│ │ │ └─ 注意事项　企业以一笔款项购入多项没有单独标价的固定资产，应将各项资产单独确认为固定资产，并按各项固定资产公允价值的比例对总成本进行分配，分别确定各项固定资产的成本
│ │ └─ 建造固定资产
│ │   ├─ 成本的构成　建造固定资产达到预定可使用状态前所发生的必要支出
│ │   ├─ 自营工程
│ │   │ ├─ 购入工程物资　借：工程物资　应交税费——应交增值税（进项税额）　贷：银行存款/应付账款等
│ │   │ ├─ 领用工程物资　借：在建工程　贷：工程物资
│ │   │ ├─ 工程领用本单位原材料　借：在建工程　贷：原材料
│ │   │ ├─ 工程领用本单位生产的商品　借：在建工程　贷：库存商品
│ │   │ ├─ 支付工程发生的其他费用　借：在建工程　贷：银行存款/应付职工薪酬等
│ │   │ └─ 达到预定可使用状态　借：固定资产　贷：在建工程
│ │   └─ 出包工程
│ │   ├─ 按照工程进度支付工程款　借：在建工程　应交税费——应交增值税（进项税额）　贷：银行存款
│ │   └─ 达到预定可使用状态　借：固定资产　贷：在建工程
│ └─ 固定资产折旧
│   ├─ 固定资产折旧概述
│   │ ├─ 概述
│   │ │ ├─ 定义　在固定资产的使用寿命内，按照确定的方法对应计折旧额进行系统分摊
│   │ │ └─ 应计折旧额
│   │ │   ├─ 应当计提折旧的固定资产原价扣除其预计净残值后的金额
│   │ │   └─ 已计提减值准备的固定资产，还应当扣除已计提的固定资产减值准备累计金额
│   │ ├─ 影响固定资产折旧的主要因素
│   │ │ ├─ 固定资产原价
│   │ │ ├─ 预计净残值
│   │ │ ├─ 固定资产减值准备
│   │ │ └─ 固定资产的使用寿命
│   │ ├─ 固定资产折旧范围
│   │ │ ├─ 除以下情况外，企业应当对所有固定资产计提折旧
│   │ │ │ ├─ 已提足折旧仍继续使用的固定资产
│   │ │ │ └─ 单独计价入账的土地
│   │ │ └─ 注意事项
│   │ │   ├─ 固定资产按月计提折旧，当月增加的固定资产，当月不计提折旧，从下月起计提折旧
│   │ │   ├─ 当月减少的固定资产，当月仍计提折旧，从下月起不计提折旧
│   │ │   ├─ 固定资产提足折旧后，不论能否继续使用，均不再计提折旧
│   │ │   ├─ 提前报废的固定资产也不再补提折旧
│   │ │   └─ 已达到预定可使用状态但尚未办理竣工决算的固定资产，应当按照估计价值确定其成本，并计提折旧；待办理竣工决算后，再按实际成本调整原来的暂估价值，但不需要调整原已计提的折旧额
│   │ └─ 固定资产使用寿命、预计净残值和折旧方法的复核　企业至少应当于每年年度终了，对固定资产使用寿命、预计净残值和折旧方法进行复核

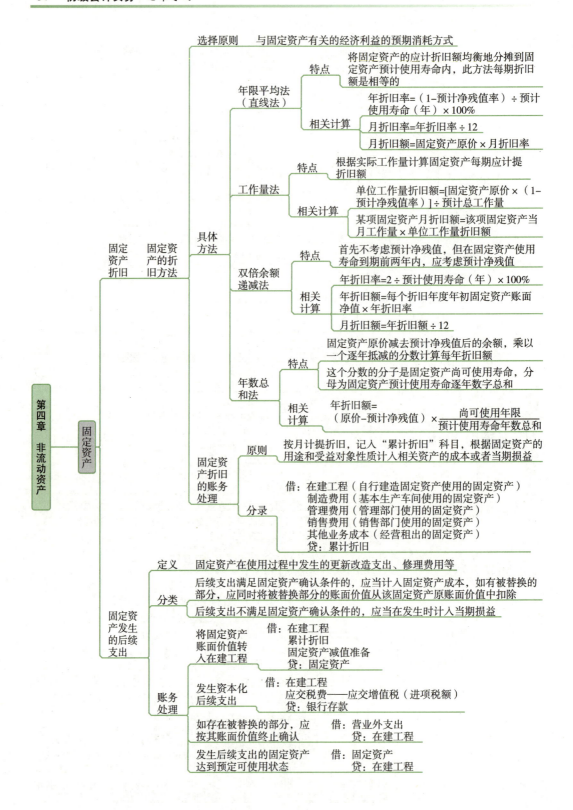

第四章 非流动资产

固定资产

固定资产折旧

固定资产的折旧方法

具体方法

年限平均法（直线法）

特点：将固定资产的应计折旧额均衡地分摊到固定资产预计使用寿命内，此方法每期折旧额是相等的

相关计算：
年折旧率=（1-预计净残值率）÷预计使用寿命（年）×100%
月折旧率=年折旧率÷12
月折旧额=固定资产原价×月折旧率

工作量法

特点：根据实际工作量计算固定资产每期应计提折旧额

相关计算：
单位工作量折旧额=[固定资产原价×（1-预计净残值率）]÷预计总工作量
某项固定资产月折旧额=该项固定资产当月工作量×单位工作量折旧额

双倍余额递减法

特点：首先不考虑预计净残值，但在固定资产使用寿命到期前两年内，应考虑预计净残值

相关计算：
年折旧率=2÷预计使用寿命（年）×100%
年折旧额=每个折旧年度年初固定资产账面净值×年折旧率
月折旧额=年折旧额÷12

年数总和法

特点：固定资产原价减去预计净残值后的余额，乘以一个逐年抵减的分数计算每年折旧额

这个分数的分子是固定资产尚可使用寿命，分母为固定资产预计使用寿命逐年数字总和

相关计算：
年折旧额=（原价-预计净残值）× 尚可使用年限 / 预计使用寿命年数总和

固定资产折旧的账务处理

原则：按月计提折旧，记入"累计折旧"科目，根据固定资产的用途和受益对象性质计入相关资产的成本或者当期损益

分录：
借：在建工程（自行建造固定资产使用的固定资产）
　制造费用（基本生产车间使用的固定资产）
　管理费用（管理部门使用的固定资产）
　销售费用（销售部门使用的固定资产）
　其他业务成本（经营租出的固定资产）
贷：累计折旧

固定资产发生的后续支出

定义：固定资产在使用过程中发生的更新改造支出、修理费用等

分类：
后续支出满足固定资产确认条件的，应当计入固定资产成本，如有被替换的部分，应同时将被替换部分的账面价值从该固定资产原账面价值中扣除
后续支出不满足固定资产确认条件的，应当在发生时计入当期损益

账务处理：

将固定资产账面价值转入在建工程
借：在建工程
　累计折旧
　固定资产减值准备
贷：固定资产

发生资本化后续支出
借：在建工程
　应交税费——应交增值税（进项税额）
贷：银行存款

如存在被替换的部分，应按其账面价值终止确认
借：营业外支出
贷：在建工程

发生后续支出的固定资产达到预定可使用状态
借：固定资产
贷：在建工程

第四章 非流动资产 — 固定资产

固定资产减值

- **定义**：资产负债表日固定资产可收回金额低于其账面价值
- **账务处理**：借：资产减值损失——固定资产减值损失　贷：固定资产减值准备
- 企业固定资产减值损失一经确认，在以后会计期间不得转回

固定资产处置

- **定义**：固定资产终止确认，包括固定资产的出售、报废、毁损、对外投资、非货币资产交换、债务重组等
- **账务处理**
  - **科目**　固定资产清理
  - **固定资产转入清理**：借：固定资产清理　累计折旧　固定资产减值准备　贷：固定资产
  - **结算清理费用**：借：固定资产清理　应交税费——应交增值税（进项税额）　贷：银行存款
  - **收回出售的价款、残料价值和变价收入**：借：银行存款　贷：固定资产清理　应交税费——应交增值税（销项税额）；借：原材料　贷：固定资产清理
  - **结转清理净损益**
    - **已丧失使用功能或因自然灾害发生毁损**
      - 属于生产经营期间正常报废清理产生的处理净损失：借：营业外支出——非流动资产处置损失　贷：固定资产清理
      - 属于生产经营期间由于自然灾害等非正常原因造成：借：营业外支出——非常损失　贷：固定资产清理
      - 如为净收益：借：固定资产清理　贷：营业外收入——非流动资产处置利得
    - **出售、转让等原因产生处置利得或损失**
      - 净损失：借：资产处置损益　贷：固定资产清理
      - 净收益：借：固定资产清理　贷：资产处置损益
  - **确认应收责任单位（或个人）赔偿损失**：借：其他应收款　贷：固定资产清理

固定资产清查

- **固定资产的盘盈**
  - **科目**　以前年度损益调整
  - **原则**　应当作为重要的前期差错更正进行会计处理
  - **盘盈固定资产时**：借：固定资产　贷：以前年度损益调整
  - **增加所得税费用**：借：以前年度损益调整　贷：应交税费——应交所得税
  - **结转为留存收益**：借：以前年度损益调整　贷：盈余公积　利润分配——未分配利润
- **固定资产的盘亏**
  - **科目**　待处理财产损溢
  - **批准前**：借：待处理财产损溢　累计折旧　固定资产减值准备　贷：固定资产
  - **转出不可抵扣的进项税额**：借：待处理财产损溢　贷：应交税费——应交增值税（进项税额转出）
  - **批准后**：借：其他应收款　营业外支出——盘亏损失　贷：待处理财产损溢

第四章 非流动资产
└─ 生产性生物资产
　├─ 生产性生物资产确认与计量
　│　├─ 定义：为产出农产品、提供劳务或出租等目的而持有的生物资产
　│　├─ 内容：经济林 / 薪炭林 / 产畜 / 役畜
　│　├─ 生产性生物资产的计量
　│　│　├─ 初始计量
　│　│　│　├─ 外购成本
　│　│　│　│　├─ 购买价款
　│　│　│　│　├─ 相关税费
　│　│　│　│　├─ 运输费
　│　│　│　│　├─ 保险费
　│　│　│　│　└─ 可直接归属于购买该资产的其他支出
　│　│　│　└─ 自行营造或繁殖的生产性生物资产的成本
　│　│　│　　├─ 自行营造的林木类生产性生物资产：达到预定生产经营目的前发生的必要支出
　│　│　│　　│　├─ 造林费
　│　│　│　　│　├─ 抚育费
　│　│　│　　│　├─ 营林设施费
　│　│　│　　│　├─ 良种试验费
　│　│　│　　│　├─ 调查设计费
　│　│　│　　│　└─ 应分摊的间接费用
　│　│　│　　└─ 自行繁殖的产畜和役畜：达到预定生产经营目的（成龄）前发生的必要支出
　│　│　│　　　├─ 饲料费
　│　│　│　　　├─ 人工费
　│　│　│　　　└─ 应分摊的间接费用
　│　│　└─ 后续计量
　│　│　　├─ 因择伐、间伐或抚育更新性质采伐而补植林木类生物资产发生的后续支出，应当计入林木类生物资产的成本
　│　│　　└─ 生物资产在郁闭或达到预定生产经营目的后发生的管护、饲养费用等后续支出，应当计入当期损益
　│　└─ 科目
　│　　├─ 生产性生物资产
　│　　└─ 生产性生物资产累计折旧
　└─ 生产性生物资产的账务处理
　　├─ 生产性生物资产增加
　　│　├─ 外购
　　│　│　借：生产性生物资产
　　│　│　　　应交税费——应交增值税（进项税额）
　　│　│　贷：银行存款
　　│　├─ 自行营造
　　│　│　借：生产性生物资产（未成熟生产性生物资产）
　　│　│　贷：原材料/银行存款/应付利息等
　　│　├─ 自行繁殖
　　│　│　借：生产性生物资产（未成熟生产性生物资产）
　　│　│　贷：原材料/银行存款/应付利息等
　　│　├─ 未成熟生产性生物资产达到预定生产经营目的
　　│　│　借：生产性生物资产（成熟生产性生物资产）
　　│　│　贷：生产性生物资产（未成熟生产性生物资产）
　　│　├─ 育肥畜转为产畜或役畜
　　│　│　借：生产性生物资产
　　│　│　贷：消耗性生物资产
　　│　├─ 产畜或役畜淘汰转为育肥畜
　　│　│　借：消耗性生物资产
　　│　│　　　生产性生物资产累计折旧
　　│　│　贷：生产性生物资产
　　│　└─ 择伐、间伐或抚育更新
　　│　　├─ 借：生产性生物资产（未成熟生产性生物资产）
　　│　　│　贷：银行存款等
　　│　　└─ 生产性生物资产发生的管护、饲养费用
　　│　　　借：管理费用
　　│　　　贷：银行存款等
　　└─ 生产性生物资产折旧的账务处理
　　　├─ 原则：应当按期计提折旧，并根据用途分别计入相关资产的成本或当期损益
　　　└─ 折旧方法
　　　　├─ 选择原则：根据生产性生物资产的性质、使用情况和有关经济利益的预期实现方式，合理确定其使用寿命、预计净残值和折旧方法，一经确定，不得随意变更
　　　　└─ 具体方法
　　　　　├─ 年限平均法
　　　　　├─ 工作量法
　　　　　└─ 产量法

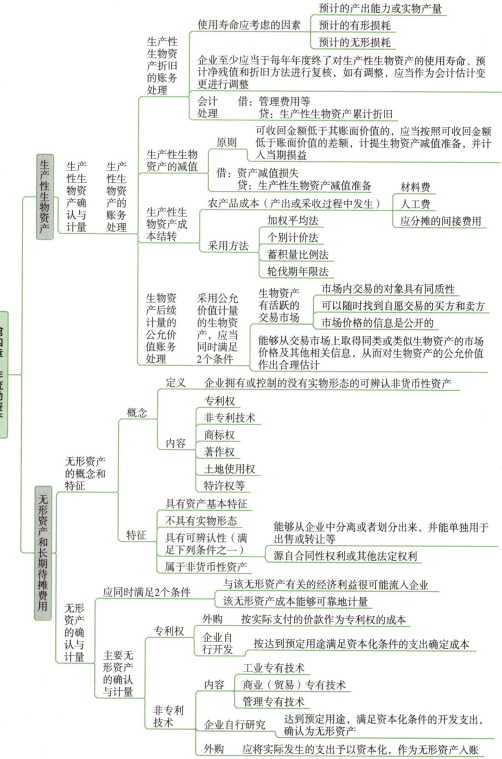

生产性生物资产折旧的账务处理
- 使用寿命应考虑的因素
  - 预计的产出能力或实物产量
  - 预计的有形损耗
  - 预计的无形损耗
- 企业至少应当于每年年度终了对生产性生物资产的使用寿命、预计净残值和折旧方法进行复核，如有调整，应当作为会计估计变更进行调整
- 会计处理
  - 借：管理费用等
  - 贷：生产性生物资产累计折旧

生产性生物资产的减值
- 原则：可收回金额低于其账面价值的，应当按照可收回金额低于账面价值的差额，计提生物资产减值准备，并计入当期损益
- 借：资产减值损失
  - 贷：生产性生物资产减值准备

生产性生物资产成本结转
- 农产品成本（产出或采收过程中发生）
  - 材料费
  - 人工费
  - 应分摊的间接费用
- 采用方法
  - 加权平均法
  - 个别计价法
  - 蓄积量比例法
  - 轮伐期限法

生物资产后续计量的公允价值账务处理
采用公允价值计量的生物资产，应当同时满足2个条件
- 生物资产有活跃的交易市场
  - 市场内交易的对象具有同质性
  - 可以随时找到自愿交易的买方和卖方
  - 市场价格的信息是公开的
- 能够从交易市场上取得同类或类似生物资产的市场价格及其他相关信息，从而对生物资产的公允价值作出合理估计

无形资产的概念和特征
- 概念
  - 定义：企业拥有或控制的没有实物形态的可辨认非货币性资产
  - 内容
    - 专利权
    - 非专利技术
    - 商标权
    - 著作权
    - 土地使用权
    - 特许权等
- 特征
  - 具有资产基本特征
  - 不具有实物形态
  - 具有可辨认性（满足下列条件之一）
    - 能够从企业中分离或者划分出来，并能单独用于出售或转让等
    - 源自合同性权利或其他法定权利
  - 属于非货币性资产

无形资产的确认与计量
- 应同时满足2个条件
  - 与该无形资产有关的经济利益很可能流入企业
  - 该无形资产成本能够可靠地计量
- 主要无形资产的确认与计量
  - 专利权
    - 外购：按实际支付的价款作为专利权的成本
    - 企业自行开发：按达到预定用途满足资本化条件的支出确定成本
  - 非专利技术
    - 内容
      - 工业专有技术
      - 商业（贸易）专有技术
      - 管理专有技术
    - 企业自行研究：达到预定用途，满足资本化条件的开发支出，确认为无形资产
    - 外购：应将实际发生的支出予以资本化，作为无形资产入账

（左侧主干结构）
第四章 非流动资产
- 生产性生物资产
  - 生产性生物资产确认与计量
    - 生产性生物资产的账务处理
- 无形资产和长期待摊费用
  - 无形资产的概念和特征
  - 无形资产的确认与计量

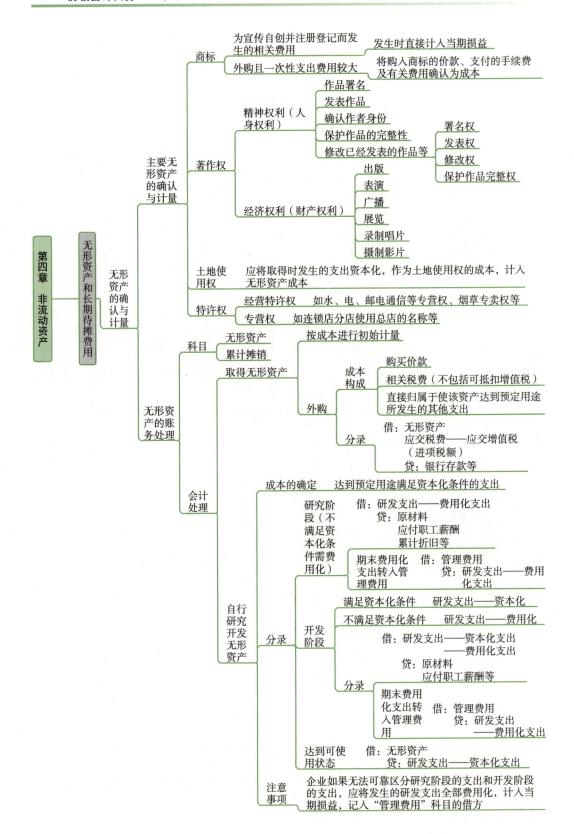

第四章 非流动资产

无形资产和长期待摊费用

无形资产的确认与计量

主要无形资产的确认与计量

商标
- 为宣传自创并注册登记而发生的相关费用 —— 发生时直接计入当期损益
- 外购且一次性支出费用较大 —— 将购入商标的价款、支付的手续费及有关费用确认为成本

著作权
- 精神权利（人身权利）
  - 作品署名
  - 发表作品
  - 确认作者身份
  - 保护作品的完整性
  - 修改已经发表的作品等
    - 署名权
    - 发表权
    - 修改权
    - 保护作品完整权
- 经济权利（财产权利）
  - 出版
  - 表演
  - 广播
  - 展览
  - 录制唱片
  - 摄制影片

土地使用权 —— 应将取得时发生的支出资本化，作为土地使用权的成本，计入无形资产成本

特许权
- 经营特许权 —— 如水、电、邮电通信等专营权、烟草专卖权等
- 专营权 —— 如连锁店分店使用总店的名称等

无形资产的账务处理

会计处理

科目
- 无形资产
- 累计摊销

取得无形资产 —— 按成本进行初始计量

外购
- 成本构成
  - 购买价款
  - 相关税费（不包括可抵扣增值税）
  - 直接归属于使该资产达到预定用途所发生的其他支出
- 分录
  - 借：无形资产
    应交税费——应交增值税（进项税额）
    贷：银行存款等

自行研究开发无形资产
- 成本的确定 —— 达到预定用途满足资本化条件的支出
- 分录
  - 研究阶段（不满足资本化条件需费用化）
    - 借：研发支出——费用化支出
      贷：原材料
      应付职工薪酬
      累计折旧等
    - 期末费用化支出转入管理费用
      - 借：管理费用
        贷：研发支出——费用化支出
  - 开发阶段
    - 满足资本化条件 —— 研发支出——资本化
    - 不满足资本化条件 —— 研发支出——费用化
    - 分录
      - 借：研发支出——资本化支出
        ——费用化支出
        贷：原材料
        应付职工薪酬等
      - 期末费用化支出转入管理费用
        - 借：管理费用
          贷：研发支出——费用化支出
  - 达到可使用状态
    - 借：无形资产
      贷：研发支出——资本化支出
- 注意事项 —— 企业如果无法可靠区分研究阶段的支出和开发阶段的支出，应将发生的研发支出全部费用化，计入当期损益，记入"管理费用"科目的借方

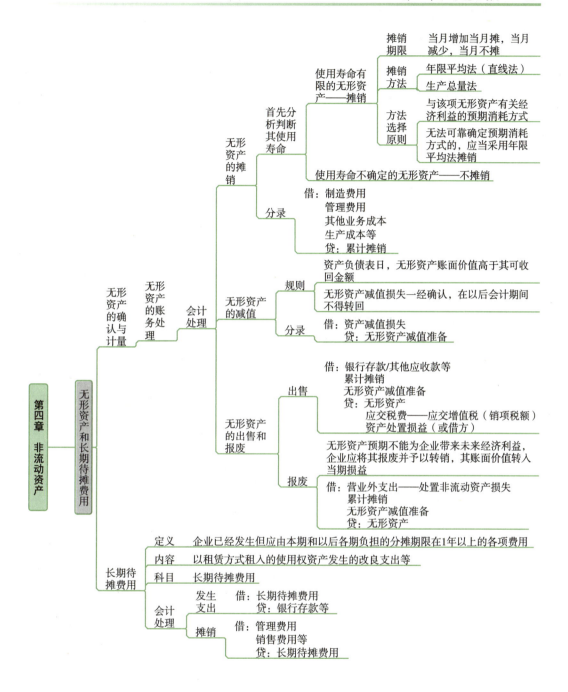

第五章　负债

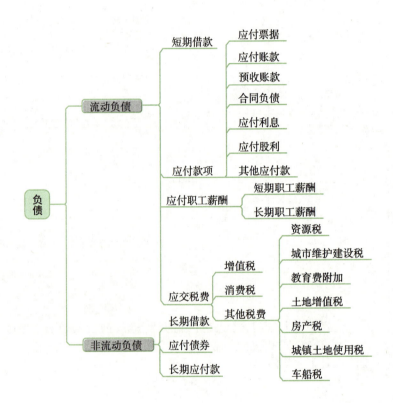

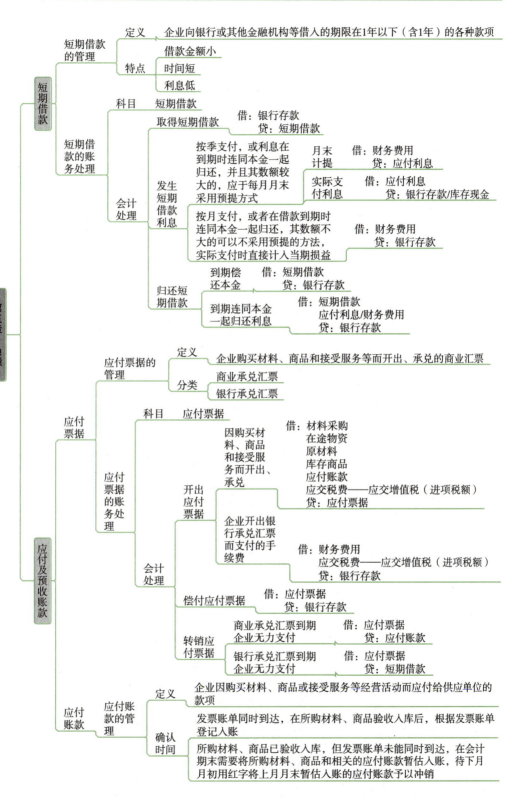

第五章 负债

短期借款
- 短期借款的管理
  - 定义：企业向银行或其他金融机构等借入的期限在1年以下（含1年）的各种款项
  - 特点
    - 借款金额小
    - 时间短
    - 利息低
- 短期借款的账务处理
  - 科目：短期借款
  - 会计处理
    - 取得短期借款：借：银行存款　贷：短期借款
    - 发生短期借款利息
      - 按季支付，或利息在到期时连同本金一起归还，并且其数额较大的，应于每月月末采用预提方式
        - 月末计提：借：财务费用　贷：应付利息
        - 实际支付利息：借：应付利息　贷：银行存款/库存现金
      - 按月支付，或者在借款到期时连同本金一起归还，其数额不大的可以不采用预提的方法，实际支付时直接计入当期损益：借：财务费用　贷：银行存款
    - 归还短期借款
      - 到期偿还本金：借：短期借款　贷：银行存款
      - 到期连同本金一起归还利息：借：短期借款　应付利息/财务费用　贷：银行存款

应付及预收账款
- 应付票据
  - 应付票据的管理
    - 定义：企业购买材料、商品和接受服务等而开出、承兑的商业汇票
    - 分类
      - 商业承兑汇票
      - 银行承兑汇票
  - 应付票据的账务处理
    - 科目：应付票据
    - 会计处理
      - 开出应付票据
        - 因购买材料、商品和接受服务而开出、承兑：借：材料采购　在途物资　原材料　库存商品　应付账款　应交税费——应交增值税（进项税额）　贷：应付票据
        - 企业开出银行承兑汇票而支付的手续费：借：财务费用　应交税费——应交增值税（进项税额）　贷：银行存款
      - 偿付应付票据：借：应付票据　贷：银行存款
      - 转销应付票据
        - 商业承兑汇票到期企业无力支付：借：应付票据　贷：应付账款
        - 银行承兑汇票到期企业无力支付：借：应付票据　贷：短期借款
- 应付账款
  - 应付账款的管理
    - 定义：企业因购买材料、商品或接受服务等经营活动而应付给供应单位的款项
    - 确认时间
      - 发票账单同时到达，在所购材料、商品验收入库后，根据发票账单登记入账
      - 所购材料、商品已验收入库，但发票账单未能同时到达，在会计期末需要将所购材料、商品和相关的应付账款暂估入账，待下月月初用红字将上月月末暂估入账的应付账款予以冲销

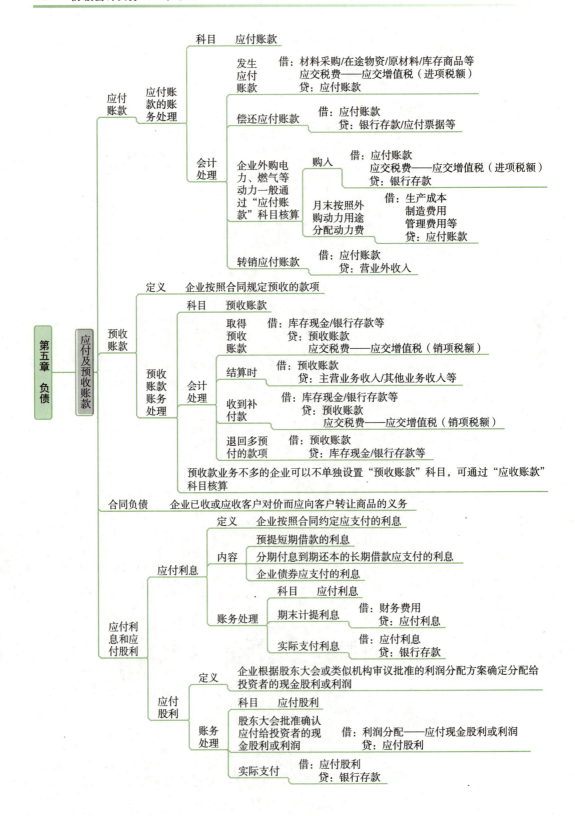

第五章 负债

应付及预收账款

应付账款
- 应付账款的账务处理
  - 科目　应付账款
  - 会计处理
    - 发生应付账款
      - 借：材料采购/在途物资/原材料/库存商品等
      - 应交税费——应交增值税（进项税额）
      - 贷：应付账款
    - 偿还应付账款
      - 借：应付账款
      - 贷：银行存款/应付票据等
    - 企业外购电力、燃气等动力一般通过"应付账款"科目核算
      - 购入
        - 借：应付账款
        - 应交税费——应交增值税（进项税额）
        - 贷：银行存款
      - 月末按照外购动力用途分配动力费
        - 借：生产成本
        - 制造费用
        - 管理费用等
        - 贷：应付账款
    - 转销应付账款
      - 借：应付账款
      - 贷：营业外收入

预收账款
- 定义　企业按照合同规定预收的款项
- 预收账款账务处理
  - 科目　预收账款
  - 会计处理
    - 取得预收账款
      - 借：库存现金/银行存款等
      - 贷：预收账款
      - 应交税费——应交增值税（销项税额）
    - 结算时
      - 借：预收账款
      - 贷：主营业务收入/其他业务收入等
    - 收到补付款
      - 借：库存现金/银行存款等
      - 贷：预收账款
      - 应交税费——应交增值税（销项税额）
    - 退回多预付的款项
      - 借：预收账款
      - 贷：库存现金/银行存款等
  - 预收款业务不多的企业可以不单独设置"预收账款"科目，可通过"应收账款"科目核算

合同负债　企业已收或应收客户对价而应向客户转让商品的义务

应付利息和应付股利
- 应付利息
  - 定义　企业按照合同约定应支付的利息
  - 内容
    - 预提短期借款的利息
    - 分期付息到期还本的长期借款应支付的利息
    - 企业债券应支付的利息
  - 账务处理
    - 科目　应付利息
    - 期末计提利息
      - 借：财务费用
      - 贷：应付利息
    - 实际支付利息
      - 借：应付利息
      - 贷：银行存款
- 应付股利
  - 定义　企业根据股东大会或类似机构审议批准的利润分配方案确定分配给投资者的现金股利或利润
  - 账务处理
    - 科目　应付股利
    - 股东大会批准确认应付给投资者的现金股利或利润
      - 借：利润分配——应付现金股利或利润
      - 贷：应付股利
    - 实际支付
      - 借：应付股利
      - 贷：银行存款

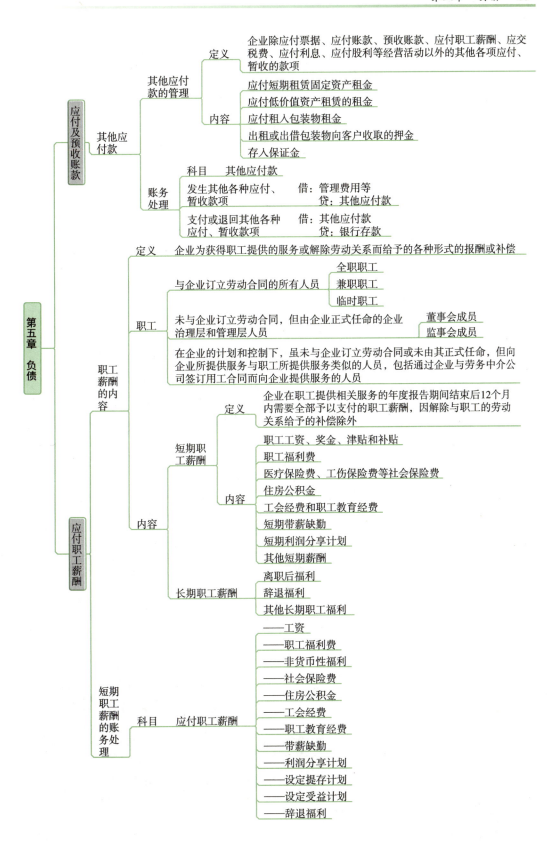

第五章 负债

应付及预收账款
├─ 其他应付款
│ ├─ 其他应付款的管理
│ │ ├─ 定义：企业除应付票据、应付账款、预收账款、应付职工薪酬、应交税费、应付利息、应付股利等经营活动以外的其他各项应付、暂收的款项
│ │ └─ 内容
│ │   ├─ 应付短期租赁固定资产租金
│ │   ├─ 应付低价值资产租赁的租金
│ │   ├─ 应付租入包装物租金
│ │   ├─ 出租或出借包装物向客户收取的押金
│ │   └─ 存入保证金
│ └─ 账务处理
│   ├─ 科目：其他应付款
│   ├─ 发生其他各种应付、暂收款项　借：管理费用等　贷：其他应付款
│   └─ 支付或退回其他各种应付、暂收款项　借：其他应付款　贷：银行存款

应付职工薪酬
├─ 职工薪酬的内容
│ ├─ 定义：企业为获得职工提供的服务或解除劳动关系而给予的各种形式的报酬或补偿
│ ├─ 职工
│ │ ├─ 与企业订立劳动合同的所有人员
│ │ │ ├─ 全职职工
│ │ │ ├─ 兼职职工
│ │ │ └─ 临时职工
│ │ ├─ 未与企业订立劳动合同，但由企业正式任命的企业治理层和管理层人员
│ │ │ ├─ 董事会成员
│ │ │ └─ 监事会成员
│ │ └─ 在企业的计划和控制下，虽未与企业订立劳动合同或未由其正式任命，但向企业所提供服务与职工所提供服务类似的人员，包括通过企业与劳务中介公司签订用工合同而向企业提供服务的人员
│ └─ 内容
│   ├─ 短期职工薪酬
│   │ ├─ 定义：企业在职工提供相关服务的年度报告期间结束后12个月内需要全部予以支付的职工薪酬，因解除与职工的劳动关系给予的补偿除外
│   │ └─ 内容
│   │   ├─ 职工工资、奖金、津贴和补贴
│   │   ├─ 职工福利费
│   │   ├─ 医疗保险费、工伤保险费等社会保险费
│   │   ├─ 住房公积金
│   │   ├─ 工会经费和职工教育经费
│   │   ├─ 短期带薪缺勤
│   │   ├─ 短期利润分享计划
│   │   └─ 其他短期薪酬
│   └─ 长期职工薪酬
│   ├─ 离职后福利
│   ├─ 辞退福利
│   └─ 其他长期职工福利
└─ 短期职工薪酬的账务处理
   └─ 科目　应付职工薪酬
      ├─ ——工资
      ├─ ——职工福利费
      ├─ ——非货币性福利
      ├─ ——社会保险费
      ├─ ——住房公积金
      ├─ ——工会经费
      ├─ ——职工教育经费
      ├─ ——带薪缺勤
      ├─ ——利润分享计划
      ├─ ——设定提存计划
      ├─ ——设定受益计划
      └─ ——辞退福利

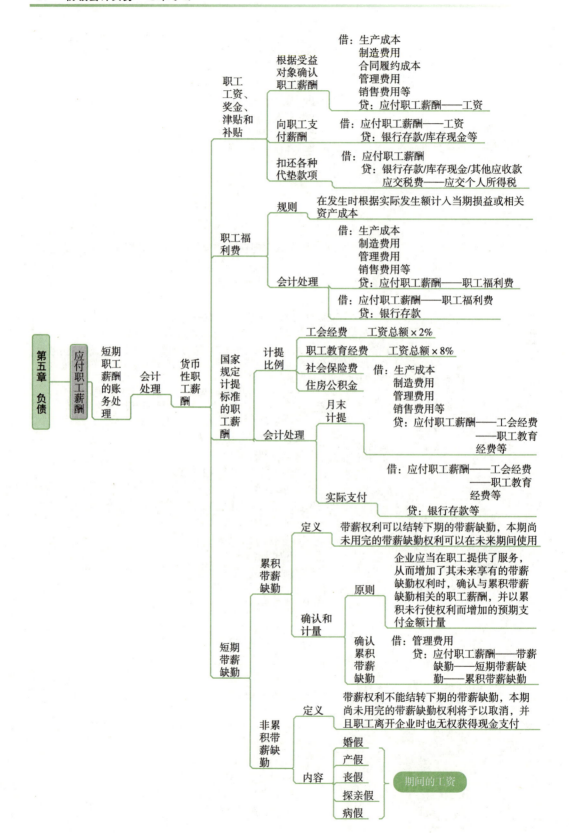

第五章 负债

应付职工薪酬

短期职工薪酬的账务处理

会计处理

货币性职工薪酬

职工工资、奖金、津贴和补贴

根据受益对象确认职工薪酬
借：生产成本
制造费用
合同履约成本
管理费用
销售费用等
贷：应付职工薪酬——工资

向职工支付薪酬
借：应付职工薪酬——工资
贷：银行存款/库存现金等

扣还各种代垫款项
借：应付职工薪酬
贷：银行存款/库存现金/其他应收款
应交税费——应交个人所得税

职工福利费

规则
在发生时根据实际发生额计入当期损益或相关资产成本

会计处理
借：生产成本
制造费用
管理费用
销售费用等
贷：应付职工薪酬——职工福利费

借：应付职工薪酬——职工福利费
贷：银行存款

国家规定计提标准的职工薪酬

计提比例
工会经费　工资总额×2%
职工教育经费　工资总额×8%
社会保险费
住房公积金

会计处理

月末计提
借：生产成本
制造费用
管理费用
销售费用等
贷：应付职工薪酬——工会经费
——职工教育经费等

实际支付
借：应付职工薪酬——工会经费
——职工教育经费等
贷：银行存款等

短期带薪缺勤

累积带薪缺勤

定义
带薪权利可以结转下期的带薪缺勤，本期尚未用完的带薪缺勤权利可以在未来期间使用

确认和计量

原则
企业应当在职工提供了服务，从而增加了其未来享有的带薪缺勤权利时，确认与累积带薪缺勤相关的职工薪酬，并以累积未行使权利而增加的预期支付金额计量

确认累积带薪缺勤
借：管理费用
贷：应付职工薪酬——带薪缺勤——短期带薪缺勤——累积带薪缺勤

非累积带薪缺勤

定义
带薪权利不能结转下期的带薪缺勤，本期尚未用完的带薪缺勤权利将予以取消，并且职工离开企业时也无权获得现金支付

内容
婚假
产假
丧假
探亲假
病假

期间的工资

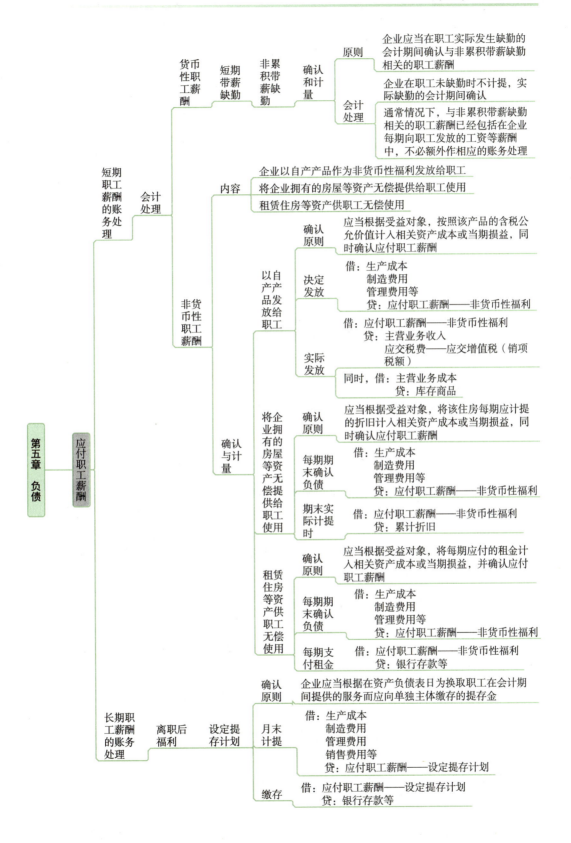

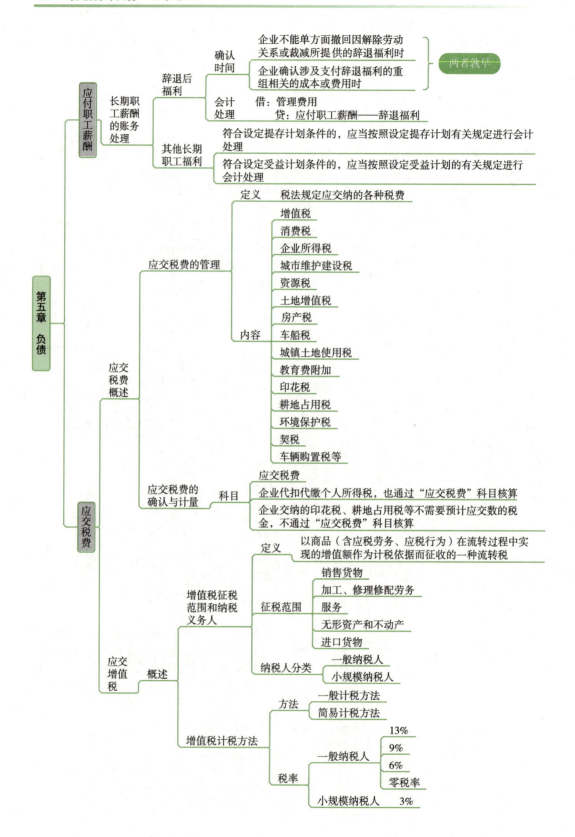

第五章 负债

应付职工薪酬
　长期职工薪酬的账务处理
　　辞退后福利
　　　确认时间
　　　　企业不能单方面撤回因解除劳动关系或裁减所提供的辞退福利时
　　　　企业确认涉及支付辞退福利的重组相关的成本或费用时
　　　　两者孰早
　　　会计处理
　　　　借：管理费用
　　　　　贷：应付职工薪酬——辞退福利
　　　其他长期职工福利
　　　　符合设定提存计划条件的，应当按照设定提存计划有关规定进行会计处理
　　　　符合设定受益计划条件的，应当按照设定受益计划的有关规定进行会计处理

应交税费
　应交税费概述
　　应交税费的管理
　　　定义　税法规定应交纳的各种税费
　　　内容
　　　　增值税
　　　　消费税
　　　　企业所得税
　　　　城市维护建设税
　　　　资源税
　　　　土地增值税
　　　　房产税
　　　　车船税
　　　　城镇土地使用税
　　　　教育费附加
　　　　印花税
　　　　耕地占用税
　　　　环境保护税
　　　　契税
　　　　车辆购置税等
　　应交税费的确认与计量
　　　科目
　　　　应交税费
　　　　企业代扣代缴个人所得税，也通过"应交税费"科目核算
　　　　企业交纳的印花税、耕地占用税等不需要预计应交数的税金，不通过"应交税费"科目核算
　应交增值税
　　概述
　　　定义　以商品（含应税劳务、应税行为）在流转过程中实现的增值额作为计税依据而征收的一种流转税
　　　增值税征税范围和纳税义务人
　　　　征税范围
　　　　　销售货物
　　　　　加工、修理修配劳务
　　　　　服务
　　　　　无形资产和不动产
　　　　　进口货物
　　　　纳税人分类
　　　　　一般纳税人
　　　　　小规模纳税人
　　　增值税计税方法
　　　　方法
　　　　　一般计税方法
　　　　　简易计税方法
　　　　税率
　　　　　一般纳税人
　　　　　　13%
　　　　　　9%
　　　　　　6%
　　　　　　零税率
　　　　　小规模纳税人　3%

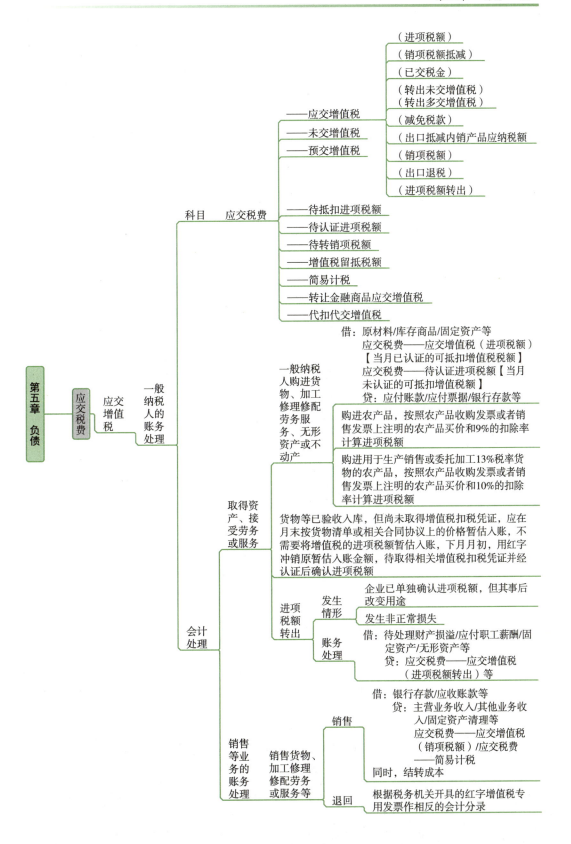

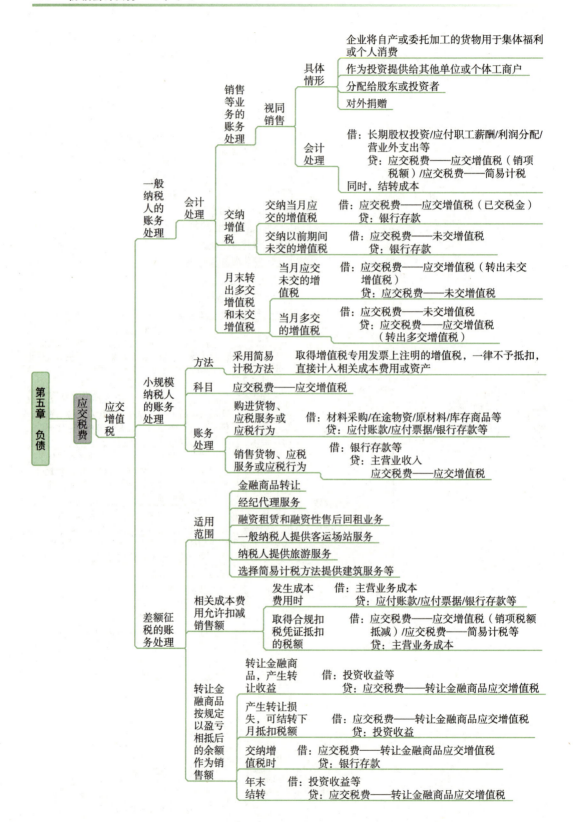

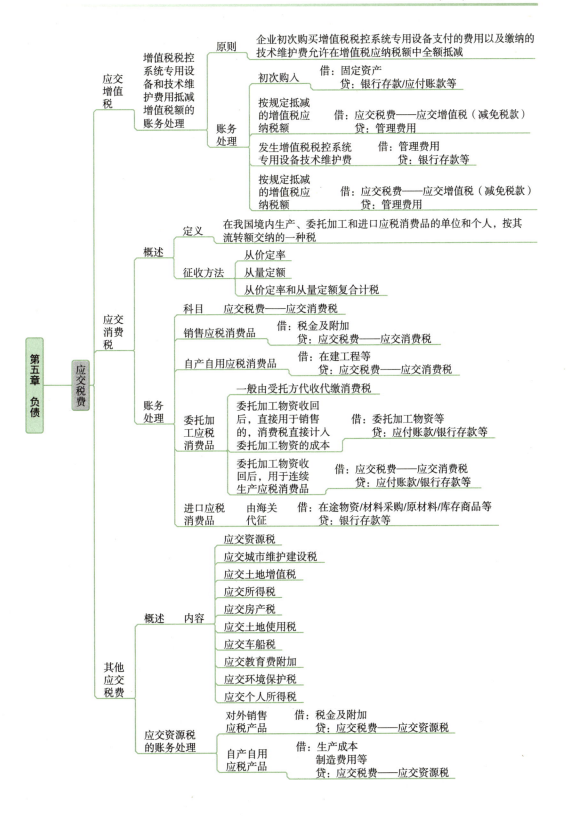

第五章 负债

应交税费

- 应交增值税
  - 增值税税控系统专用设备和技术维护费抵减增值税额的账务处理
    - 原则：企业初次购买增值税税控系统专用设备支付的费用以及缴纳的技术维护费允许在增值税应纳税额中全额抵减
    - 账务处理
      - 初次购入：借：固定资产　贷：银行存款/应付账款等
      - 按规定抵减的增值税应纳税额：借：应交税费——应交增值税（减免税款）　贷：管理费用
      - 发生增值税税控系统专用设备技术维护费：借：管理费用　贷：银行存款等
      - 按规定抵减的增值税应纳税额：借：应交税费——应交增值税（减免税款）　贷：管理费用

- 应交消费税
  - 概述
    - 定义：在我国境内生产、委托加工和进口应税消费品的单位和个人，按其流转额交纳的一种税
    - 征收方法
      - 从价定率
      - 从量定额
      - 从价定率和从量定额复合计税
  - 账务处理
    - 科目：应交税费——应交消费税
    - 销售应税消费品：借：税金及附加　贷：应交税费——应交消费税
    - 自产自用应税消费品：借：在建工程等　贷：应交税费——应交消费税
    - 委托加工应税消费品
      - 一般由受托方代收代缴消费税
      - 委托加工物资收回后，直接用于销售的，消费税直接计入委托加工物资的成本：借：委托加工物资等　贷：应付账款/银行存款等
      - 委托加工物资收回后，用于连续生产应税消费品：借：应交税费——应交消费税　贷：应付账款/银行存款等
    - 进口应税消费品：由海关代征　借：在途物资/材料采购/原材料/库存商品等　贷：银行存款等

- 其他应交税费
  - 概述
    - 内容
      - 应交资源税
      - 应交城市维护建设税
      - 应交土地增值税
      - 应交所得税
      - 应交房产税
      - 应交土地使用税
      - 应交车船税
      - 应交教育费附加
      - 应交环境保护税
      - 应交个人所得税
  - 应交资源税的账务处理
    - 对外销售应税产品：借：税金及附加　贷：应交税费——应交资源税
    - 自产自用应税产品：借：生产成本　制造费用等　贷：应交税费——应交资源税

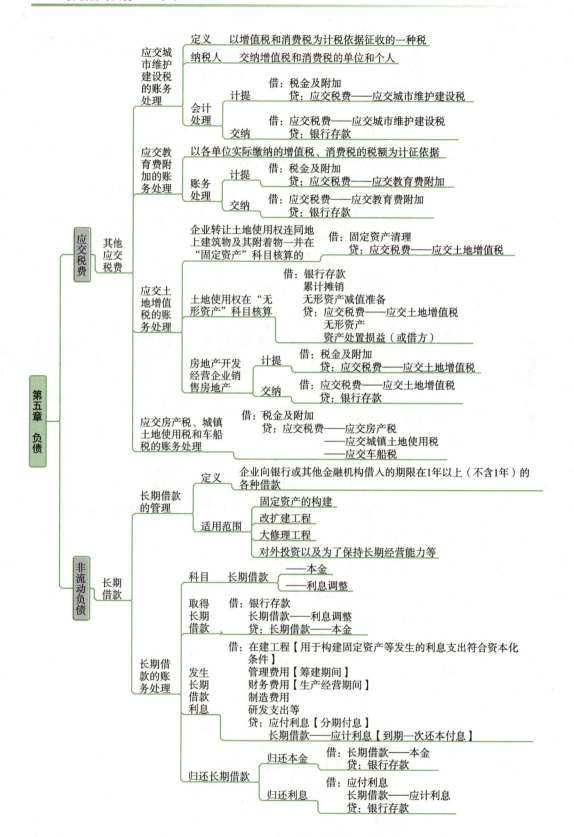

第五章 负债

应交税费
├─ 其他应交税费
│ ├─ 应交城市维护建设税的账务处理
│ │ ├─ 定义　以增值税和消费税为计税依据征收的一种税
│ │ ├─ 纳税人　交纳增值税和消费税的单位和个人
│ │ └─ 会计处理
│ │   ├─ 计提　借：税金及附加　贷：应交税费——应交城市维护建设税
│ │   └─ 交纳　借：应交税费——应交城市维护建设税　贷：银行存款
│ ├─ 应交教育费附加的账务处理
│ │ 以各单位实际缴纳的增值税、消费税的税额为计征依据
│ │ └─ 账务处理
│ │   ├─ 计提　借：税金及附加　贷：应交税费——应交教育费附加
│ │   └─ 交纳　借：应交税费——应交教育费附加　贷：银行存款
│ ├─ 应交土地增值税的账务处理
│ │ ├─ 企业转让土地使用权连同地上建筑物及其附着物一并在"固定资产"科目核算的
│ │ │   借：固定资产清理　贷：应交税费——应交土地增值税
│ │ ├─ 土地使用权在"无形资产"科目核算
│ │ │   借：银行存款　累计摊销　无形资产减值准备　贷：应交税费——应交土地增值税　无形资产　资产处置损益（或借方）
│ │ └─ 房地产开发经营企业销售房地产
│ │   ├─ 计提　借：税金及附加　贷：应交税费——应交土地增值税
│ │   └─ 交纳　借：应交税费——应交土地增值税　贷：银行存款
│ └─ 应交房产税、城镇土地使用税和车船税的账务处理
│   借：税金及附加　贷：应交税费——应交房产税　——应交城镇土地使用税　——应交车船税
│
└─ 非流动负债
   └─ 长期借款
      ├─ 长期借款的管理
      │ ├─ 定义　企业向银行或其他金融机构借入的期限在1年以上（不含1年）的各种借款
      │ └─ 适用范围
      │   ├─ 固定资产的构建
      │   ├─ 改扩建工程
      │   ├─ 大修理工程
      │   └─ 对外投资以及为了保持长期经营能力等
      └─ 长期借款的账务处理
         ├─ 科目　长期借款　——本金　——利息调整
         ├─ 取得长期借款　借：银行存款　长期借款——利息调整　贷：长期借款——本金
         ├─ 发生长期借款利息
         │   借：在建工程【用于构建固定资产等发生的利息支出符合资本化条件】
         │   管理费用【筹建期间】
         │   财务费用【生产经营期间】
         │   制造费用
         │   研发支出等
         │   贷：应付利息【分期付息】
         │   长期借款——应计利息【到期一次还本付息】
         └─ 归还长期借款
            ├─ 归还本金　借：长期借款——本金　贷：银行存款
            └─ 归还利息　借：应付利息　长期借款——应计利息　贷：银行存款

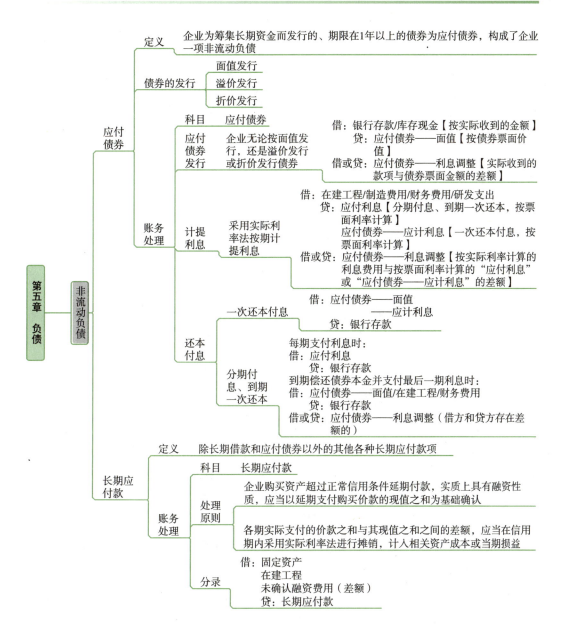

第六章　所有者权益

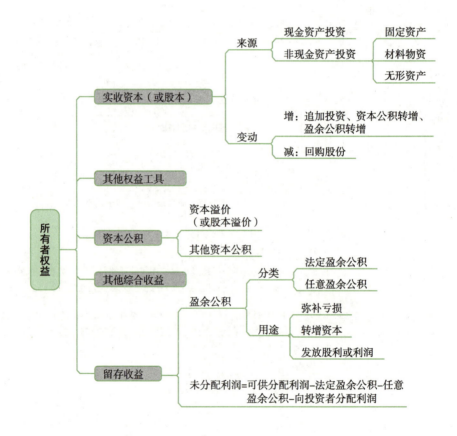

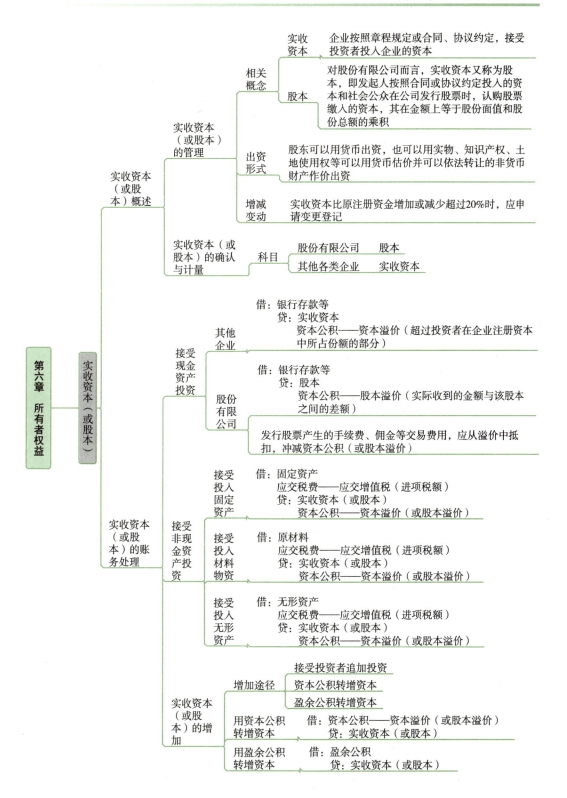

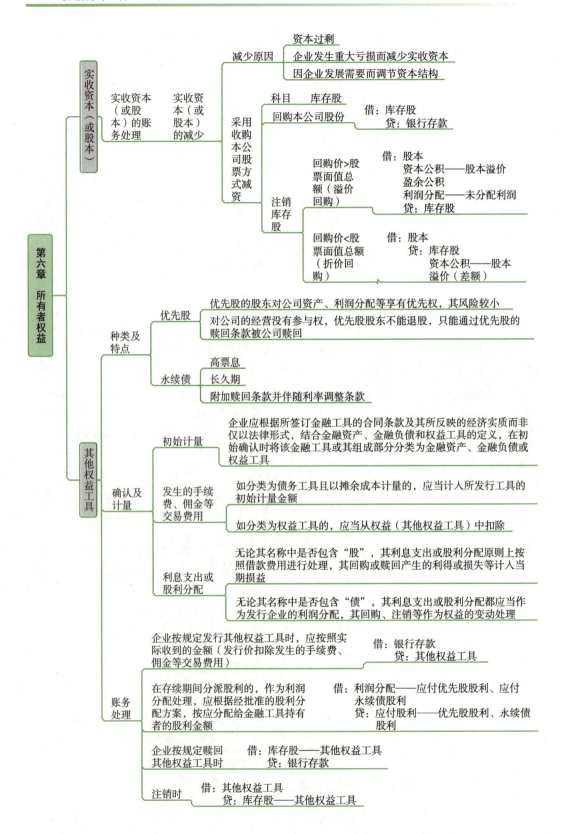

实收资本（或股本）

实收资本（或股本）的账务处理

实收资本（或股本）的减少

减少原因
- 资本过剩
- 企业发生重大亏损而减少实收资本
- 因企业发展需要而调节资本结构

采用收购本公司股票方式减资

科目　库存股

回购本公司股份
借：库存股
　　贷：银行存款

注销库存股

回购价>股票面值总额（溢价回购）
借：股本
　　资本公积——股本溢价
　　盈余公积
　　利润分配——未分配利润
　　贷：库存股

回购价<股票面值总额（折价回购）
借：股本
　　贷：库存股
　　　　资本公积——股本溢价（差额）

第六章　所有者权益

其他权益工具

种类及特点

优先股
- 优先股的股东对公司资产、利润分配等享有优先权，其风险较小
- 对公司的经营没有参与权，优先股股东不能退股，只能通过优先股的赎回条款被公司赎回

永续债
- 高票息
- 长久期
- 附加赎回条款并伴随利率调整条款

确认及计量

初始计量
企业应根据所签订金融工具的合同条款及其所反映的经济实质而非仅以法律形式，结合金融资产、金融负债和权益工具的定义，在初始确认时将该金融工具或其组成部分分类为金融资产、金融负债或权益工具

发生的手续费、佣金等交易费用
- 如分类为债务工具且以摊余成本计量的，应当计入所发行工具的初始计量金额
- 如分类为权益工具的，应当从权益（其他权益工具）中扣除

利息支出或股利分配
- 无论其名称中是否包含"股"，其利息支出或股利分配原则上按照借款费用进行处理，其回购或赎回产生的利得或损失等计入当期损益
- 无论其名称中是否包含"债"，其利息支出或股利分配都应当作为发行企业的利润分配，其回购、注销等作为权益的变动处理

账务处理

企业按规定发行其他权益工具时，应按照实际收到的金额（发行价扣除发生的手续费、佣金等交易费用）
借：银行存款
　　贷：其他权益工具

在存续期间分派股利的，作为利润分配处理，应根据经批准的股利分配方案，按应分配给金融工具持有者的股利金额
借：利润分配——应付优先股股利、应付永续债股利
　　贷：应付股利——优先股股利、永续债股利

企业按规定赎回其他权益工具时
借：库存股——其他权益工具
　　贷：银行存款

注销时
借：其他权益工具
　　贷：库存股——其他权益工具

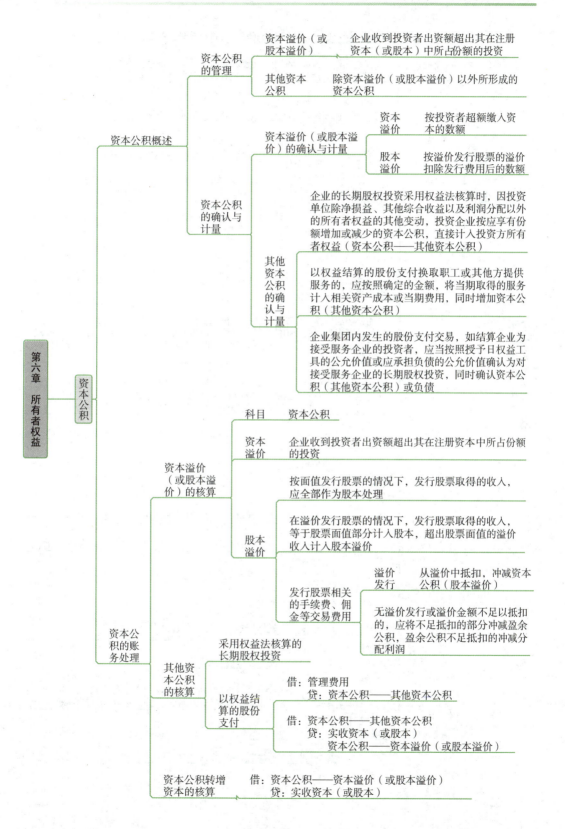

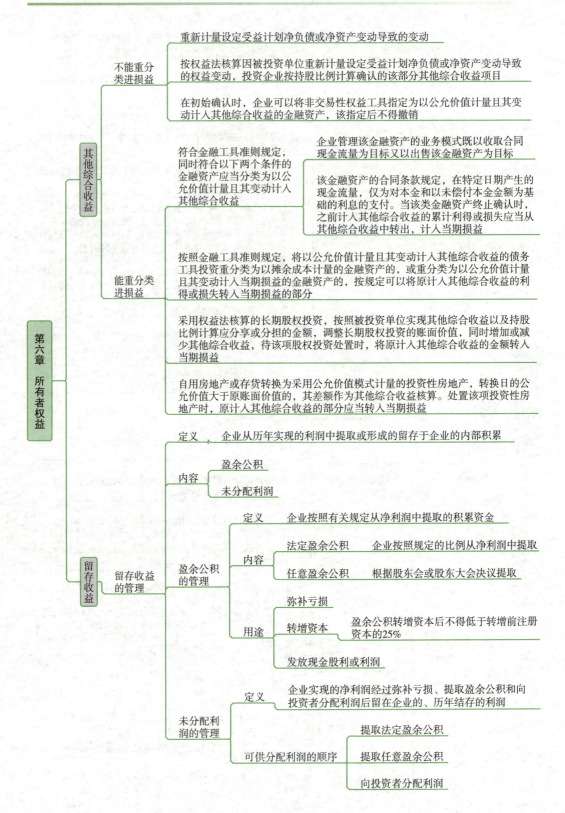

第六章 所有者权益

其他综合收益

不能重分类进损益
- 重新计量设定受益计划净负债或净资产变动导致的变动
- 按权益法核算因被投资单位重新计量设定受益计划净负债或净资产变动导致的权益变动，投资企业按持股比例计算确认的该部分其他综合收益项目
- 在初始确认时，企业可以将非交易性权益工具指定为以公允价值计量且其变动计入其他综合收益的金融资产，该指定后不得撤销

能重分类进损益
- 符合金融工具准则规定，同时符合以下两个条件的金融资产应当分类为以公允价值计量且其变动计入其他综合收益
  - 企业管理该金融资产的业务模式既以收取合同现金流量为目标又以出售该金融资产为目标
  - 该金融资产的合同条款规定，在特定日期产生的现金流量，仅为对本金和以未偿付本金金额为基础的利息的支付。当该类金融资产终止确认时，之前计入其他综合收益的累计利得或损失应当从其他综合收益中转出，计入当期损益
- 按照金融工具准则规定，将以公允价值计量且其变动计入其他综合收益的债务工具投资重分类为以摊余成本计量的金融资产的，或重分类为以公允价值计量且其变动计入当期损益的金融资产的，按规定可以将原计入其他综合收益的利得或损失转入当期损益的部分
- 采用权益法核算的长期股权投资，按照被投资单位实现其他综合收益以及持股比例计算应分享或分担的金额，调整长期股权投资的账面价值，同时增加或减少其他综合收益，待该项股权投资处置时，将原计入其他综合收益的金额转入当期损益
- 自用房地产或存货转换为采用公允价值模式计量的投资性房地产，转换日的公允价值大于原账面价值的，其差额作为其他综合收益核算。处置该项投资性房地产时，原计入其他综合收益的部分应当转入当期损益

留存收益
- 定义　企业从历年实现的利润中提取或形成的留存于企业的内部积累
- 内容
  - 盈余公积
  - 未分配利润
- 留存收益的管理
  - 盈余公积的管理
    - 定义　企业按照有关规定从净利润中提取的积累资金
    - 内容
      - 法定盈余公积　企业按照规定的比例从净利润中提取
      - 任意盈余公积　根据股东会或股东大会决议提取
    - 用途
      - 弥补亏损
      - 转增资本　盈余公积转增资本后不得低于转增前注册资本的25%
      - 发放现金股利或利润
  - 未分配利润的管理
    - 定义　企业实现的净利润经过弥补亏损、提取盈余公积和向投资者分配利润后留在企业的、历年结存的利润
    - 可供分配利润的顺序
      - 提取法定盈余公积
      - 提取任意盈余公积
      - 向投资者分配利润

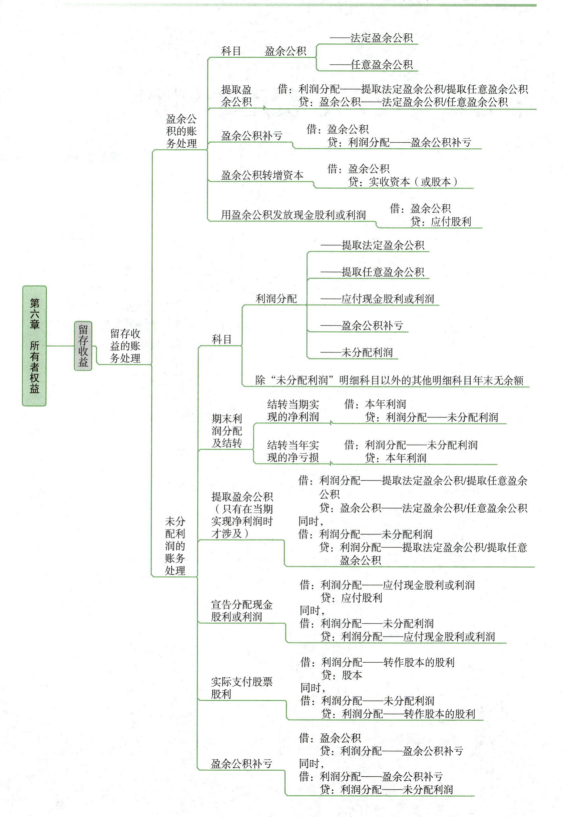

第六章 所有者权益 — 留存收益

盈余公积的账务处理

科目：盈余公积
- ——法定盈余公积
- ——任意盈余公积

提取盈余公积
借：利润分配——提取法定盈余公积/提取任意盈余公积
贷：盈余公积——法定盈余公积/任意盈余公积

盈余公积补亏
借：盈余公积
贷：利润分配——盈余公积补亏

盈余公积转增资本
借：盈余公积
贷：实收资本（或股本）

用盈余公积发放现金股利或利润
借：盈余公积
贷：应付股利

留存收益的账务处理

科目：利润分配
- ——提取法定盈余公积
- ——提取任意盈余公积
- ——应付现金股利或利润
- ——盈余公积补亏
- ——未分配利润

除"未分配利润"明细科目以外的其他明细科目年末无余额

期末利润分配及结转

结转当期实现的净利润
借：本年利润
贷：利润分配——未分配利润

结转当年实现的净亏损
借：利润分配——未分配利润
贷：本年利润

未分配利润的账务处理

提取盈余公积（只有在当期实现净利润时才涉及）
借：利润分配——提取法定盈余公积/提取任意盈余公积
贷：盈余公积——法定盈余公积/任意盈余公积
同时，
借：利润分配——未分配利润
贷：利润分配——提取法定盈余公积/提取任意盈余公积

宣告分配现金股利或利润
借：利润分配——应付现金股利或利润
贷：应付股利
同时，
借：利润分配——未分配利润
贷：利润分配——应付现金股利或利润

实际支付股票股利
借：利润分配——转作股本的股利
贷：股本
同时，
借：利润分配——未分配利润
贷：利润分配——转作股本的股利

盈余公积补亏
借：盈余公积
贷：利润分配——盈余公积补亏
同时，
借：利润分配——盈余公积补亏
贷：利润分配——未分配利润

第七章　收入、费用和利润

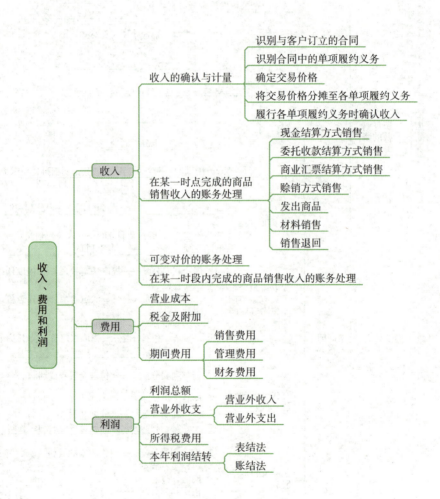

第七章 收入、费用和利润 —— 收入

- 收入概述
  - 收入的概念：企业在日常活动中形成的、会导致所有者权益增加的、与所有者投入资本无关的经济利益的总流入

- 收入的确认与计量
  - 识别与客户订立的合同
    - 收入确认的原则
      - 企业应当在履行了合同中的履约义务，即在客户取得相关商品控制权时确认收入
      - 取得商品控制权（三个要素）
        - 客户必须拥有现时权利，能够主导该商品的使用并从中获得几乎全部经济利益
        - 客户有能力主导该商品的使用，即客户在其活动中有权使用该商品，或者能够允许或阻止其他方使用该商品
        - 客户能够获得几乎全部的经济利益
    - 收入确认的前提条件
      - 企业与客户之间的合同同时满足下列五项条件
        - 合同各方已批准该合同并承诺将履行各自义务
        - 该合同明确了合同各方与所转让商品相关的权利和义务
        - 该合同有明确的与所转让商品相关的支付条款
        - 该合同具有商业实质，即履行该合同将改变企业未来现金流量的风险、时间分布或金额
        - 企业应向客户转让商品而有权取得的对价很可能收回
  - 识别合同中的单项履约义务
    - 履约义务：合同中企业向客户转让可明确区分商品或服务的承诺
    - 单项履约义务
      - 企业向客户转让可明确区分商品或服务
      - 企业向客户转让一系列实质相同且转让模式相同的、可明确区分商品的承诺
  - 确定交易价格：企业应向客户转让商品而预期有权收取的对价金额，不包括企业在第三方收取的款项，以及企业预期将退还给客户的款项
  - 将交易价格分摊至各单项履约义务
    - 分摊方法：在合同开始日，按照各单项履约义务所承诺商品的单独售价的相对比例，将交易价格分摊至各单项履约义务
  - 履行各单项履约义务时确认收入：当企业将商品转移给客户，客户取得相关商品的控制权，意味着企业履行了合同履约义务，此时企业应确认收入

- 会计科目设置
  - 主营业务收入
  - 其他业务收入
  - 主营业务成本
  - 其他业务成本
  - 合同取得成本
  - 合同履约成本
  - 合同资产
  - 合同负债

- 在某一时点完成的商品销售收入的账务处理
  - 一般商品销售收入的确认
    - 企业一般商品销售属于在某一时点履行的履约义务。对于在某一时点履行的履约义务，企业应当在客户取得相关商品控制权时点确认收入
    - 在判断控制权是否转移时，应当考虑下列迹象
      - 企业就该商品享有现时收款权利，即客户就该商品负有现时付款义务
      - 企业已将该商品的法定所有权转移给客户，即客户拥有该商品的法定所有权
      - 企业已将该商品实物转移给客户，即客户占有该商品实物
      - 企业已将该商品所有权上的主要风险和报酬转移给客户，即客户已取得该商品所有权上的主要风险和报酬
      - 客户已接受该商品
      - 其他

第七章 收入、费用和利润 — 收入 — 在某一时点完成的商品销售收入的账务处理

现金结算方式销售业务的账务处理
企业以现金结算方式对外销售商品，在客户取得相关商品控制权时点确认收入
- 确认收入
  借：银行存款等
  贷：主营业务收入
  　　应交税费——应交增值税（销项税额）
- 同时结转成本
  借：主营业务成本
  　　存货跌价准备
  贷：库存商品

委托收款结算方式销售业务的账务处理
企业以委托收款结算方式对外销售商品，在其办妥委托收款手续，且客户取得相关商品控制权时点确认收入
- 确认收入
  借：应收账款
  贷：主营业务收入
  　　应交税费——应交增值税（销项税额）
- 同时结转成本
  借：主营业务成本
  　　存货跌价准备
  贷：库存商品
- 实际收到款项
  借：银行存款
  贷：应收账款

商业汇票结算方式销售业务的账务处理
在收到商业汇票且客户取得相关商品控制权时点确认收入
- 确认收入
  借：应收票据
  贷：主营业务收入
  　　应交税费——应交增值税（销项税额）
- 同时结转成本
  借：主营业务成本
  　　存货跌价准备
  贷：库存商品

赊销方式销售业务的账务处理
在客户取得相关商品控制权时点确认收入
- 确认收入
  借：应收账款
  贷：主营业务收入
  　　应交税费——应交增值税（销项税额）
- 同时结转成本
  借：主营业务成本
  　　存货跌价准备
  贷：库存商品
- 实际收到款项
  借：银行存款
  贷：应收账款

如销售方将商品交付给客户之后，与该商品相关的履约义务已经履行，但需要等到后续交付其他商品时，才具有无条件收取合同对价的权利，此时销售方应当将已交付该商品而有权收取的对价确认为合同资产，而不是应收账款

发出商品业务的账务处理
- 发出商品
  借：发出商品
  贷：库存商品
- 满足收入确认条件
  借：应收账款
  贷：主营业务收入
  　　应交税费——应交增值税（销项税额）
- 同时结转成本
  借：主营业务成本
  贷：发出商品

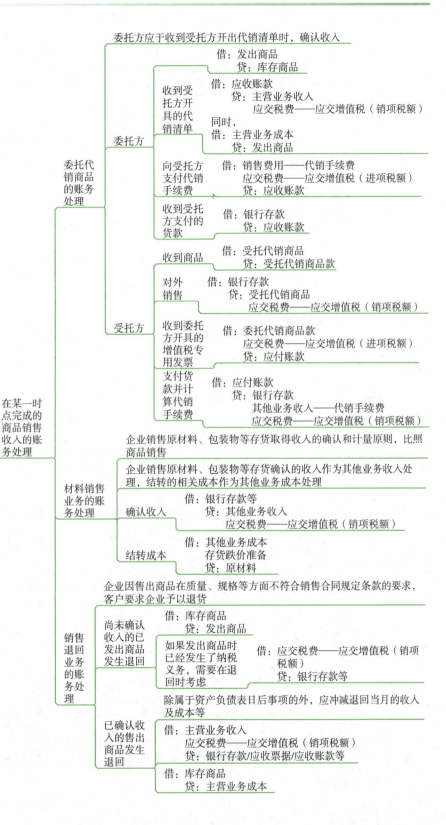

第七章 收入、费用和利润

收入

在某一时点完成的商品销售收入的账务处理

委托代销商品的账务处理

委托方

委托方应于收到受托方开出代销清单时，确认收入

借：发出商品
　　贷：库存商品

收到受托方开具的代销清单

借：应收账款
　　贷：主营业务收入
　　　　应交税费——应交增值税（销项税额）

同时，
借：主营业务成本
　　贷：发出商品

向受托方支付代销手续费

借：销售费用——代销手续费
　　应交税费——应交增值税（进项税额）
　　贷：应收账款

收到受托方支付的货款

借：银行存款
　　贷：应收账款

受托方

收到商品

借：受托代销商品
　　贷：受托代销商品款

对外销售

借：银行存款
　　贷：受托代销商品
　　　　应交税费——应交增值税（销项税额）

收到委托方开具的增值税专用发票

借：委托代销商品款
　　应交税费——应交增值税（进项税额）
　　贷：应付账款

支付货款并计算代销手续费

借：应付账款
　　贷：银行存款
　　　　其他业务收入——代销手续费
　　　　应交税费——应交增值税（销项税额）

材料销售业务的账务处理

企业销售原材料、包装物等存货取得收入的确认和计量原则，比照商品销售

企业销售原材料、包装物等存货确认的收入作为其他业务收入处理，结转的相关成本作为其他业务成本处理

确认收入

借：银行存款等
　　贷：其他业务收入
　　　　应交税费——应交增值税（销项税额）

结转成本

借：其他业务成本
　　存货跌价准备
　　贷：原材料

销售退回业务的账务处理

企业因售出商品在质量、规格等方面不符合销售合同规定条款的要求，客户要求企业予以退货

尚未确认收入的已发出商品发生退回

借：库存商品
　　贷：发出商品

如果发出商品时已经发生了纳税义务，需要在退回时考虑

借：应交税费——应交增值税（销项税额）
　　贷：银行存款等

已确认收入的售出商品发生退回

除属于资产负债表日后事项的外，应冲减退回当月的收入及成本等

借：主营业务收入
　　应交税费——应交增值税（销项税额）
　　贷：银行存款/应收票据/应收账款等

借：库存商品
　　贷：主营业务成本

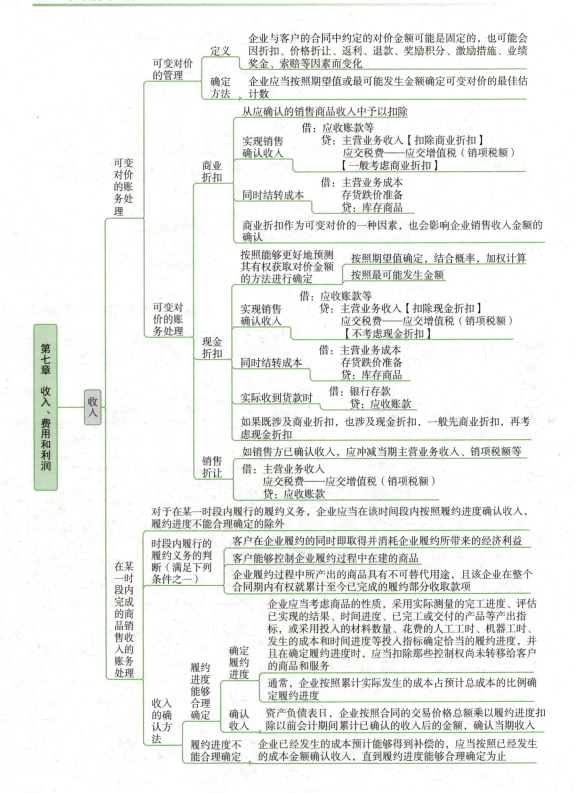

第七章 收入、费用和利润

收入

可变对价的账务处理

可变对价的管理

定义：企业与客户的合同中约定的对价金额可能是固定的，也可能会因折扣、价格折让、返利、退款、奖励积分、激励措施、业绩奖金、索赔等因素而变化

确定方法：企业应当按照期望值或最可能发生金额确定可变对价的最佳估计数

可变对价的账务处理

商业折扣

从应确认的销售商品收入中予以扣除

实现销售确认收入
借：应收账款等
　　贷：主营业务收入【扣除商业折扣】
　　　　应交税费——应交增值税（销项税额）
　　　　【一般考虑商业折扣】

同时结转成本
借：主营业务成本
　　存货跌价准备
　　贷：库存商品

商业折扣作为可变对价的一种因素，也会影响企业销售收入金额的确认

现金折扣

按照能够更好地预测其有权获取对价金额的方法进行确定
按照期望值确定，结合概率，加权计算
按照最可能发生金额

实现销售确认收入
借：应收账款等
　　贷：主营业务收入【扣除现金折扣】
　　　　应交税费——应交增值税（销项税额）
　　　　【不考虑现金折扣】

同时结转成本
借：主营业务成本
　　存货跌价准备
　　贷：库存商品

实际收到货款时
借：银行存款
　　贷：应收账款

如果既涉及商业折扣，也涉及现金折扣，一般先商业折扣，再考虑现金折扣

销售折让

如销售方已确认收入，应冲减当期主营业务收入、销项税额等
借：主营业务收入
　　应交税费——应交增值税（销项税额）
　　贷：应收账款

在某一时段内完成的商品销售收入的账务处理

对于在某一时段内履行的履约义务，企业应当在该时间段内按照履约进度确认收入，履约进度不能合理确定的除外

时段内履行的履约义务的判断（满足下列条件之一）
客户在企业履约的同时即取得并消耗企业履约所带来的经济利益
客户能够控制企业履约过程中在建的商品
企业履约过程中所产出的商品具有不可替代用途，且该企业在整个合同期内有权就累计至今已完成的履约部分收取款项

收入的确认方法

履约进度能够合理确定

确定履约进度：企业应当考虑商品的性质，采用实际测量的完工进度、评估已实现的结果、时间进度、已完工或交付的产品等产出指标，或采用投入的材料数量、花费的人工工时、机器工时、发生的成本和时间进度等投入指标确定恰当的履约进度，并且在确定履约进度时，应当扣除那些控制权尚未转移给客户的商品和服务

通常，企业按照累计实际发生的成本占预计总成本的比例确定履约进度

确认收入：资产负债表日，企业按照合同的交易价格总额乘以履约进度扣除以前会计期间累计已确认的收入后的金额，确认当期收入

履约进度不能合理确定：企业已经发生的成本预计能够得到补偿的，应当按照已经发生的成本金额确认收入，直到履约进度能够合理确定为止

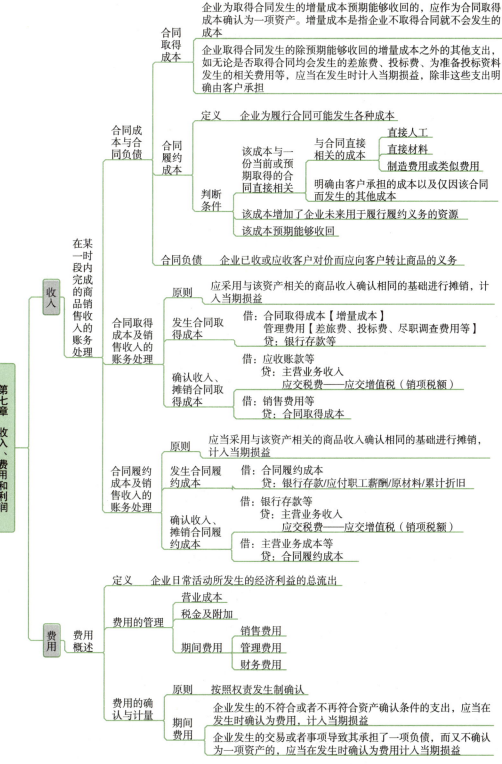

在某一时段内完成的商品销售收入的账务处理

合同成本与合同负债

合同取得成本
- 企业为取得合同发生的增量成本预期能够收回的，应作为合同取得成本确认为一项资产。增量成本是指企业不取得合同就不会发生的成本
- 企业取得合同发生的除预期能够收回的增量成本之外的其他支出，如无论是否取得合同均会发生的差旅费、投标费、为准备投标资料发生的相关费用等，应当在发生时计入当期损益，除非这些支出明确由客户承担

合同履约成本
- 定义 企业为履行合同可能发生各种成本
- 判断条件
  - 该成本与一份当前或预期取得的合同直接相关
    - 与合同直接相关的成本
      - 直接人工
      - 直接材料
      - 制造费用或类似费用
    - 明确由客户承担的成本以及仅因该合同而发生的其他成本
  - 该成本增加了企业未来用于履行履约义务的资源
  - 该成本预期能够收回

合同负债 企业已收或应收客户对价而应向客户转让商品的义务

合同取得成本及销售收入的账务处理
- 原则 应采用与该资产相关的商品收入确认相同的基础进行摊销，计入当期损益
- 发生合同取得成本
  - 借：合同取得成本【增量成本】
    管理费用【差旅费、投标费、尽职调查费用等】
    贷：银行存款等
- 确认收入、摊销合同取得成本
  - 借：应收账款等
    贷：主营业务收入
    应交税费——应交增值税（销项税额）
  - 借：销售费用等
    贷：合同取得成本

合同履约成本及销售收入的账务处理
- 原则 应当采用与该资产相关的商品收入确认相同的基础进行摊销，计入当期损益
- 发生合同履约成本
  - 借：合同履约成本
    贷：银行存款/应付职工薪酬/原材料/累计折旧
- 确认收入、摊销合同履约成本
  - 借：银行存款等
    贷：主营业务收入
    应交税费——应交增值税（销项税额）
  - 借：主营业务成本等
    贷：合同履约成本

费用

费用概述

定义 企业日常活动所发生的经济利益的总流出

费用的管理
- 营业成本
- 税金及附加
- 期间费用
  - 销售费用
  - 管理费用
  - 财务费用

费用的确认与计量
- 原则 按照权责发生制确认
- 期间费用
  - 企业发生的不符合或者不再符合资产确认条件的支出，应当在发生时确认为费用，计入当期损益
  - 企业发生的交易或者事项导致其承担了一项负债，而又不确认为一项资产的，应当在发生时确认为费用计入当期损益

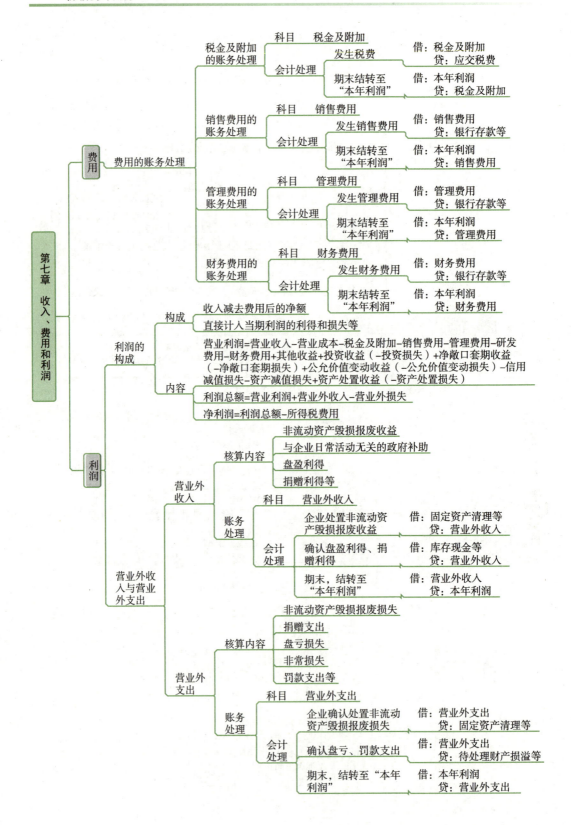

第七章 收入、费用和利润

费用

费用的账务处理

税金及附加的账务处理
科目　税金及附加
会计处理
发生税费　　借：税金及附加　贷：应交税费
期末结转至"本年利润"　　借：本年利润　贷：税金及附加

销售费用的账务处理
科目　销售费用
会计处理
发生销售费用　　借：销售费用　贷：银行存款等
期末结转至"本年利润"　　借：本年利润　贷：销售费用

管理费用的账务处理
科目　管理费用
会计处理
发生管理费用　　借：管理费用　贷：银行存款等
期末结转至"本年利润"　　借：本年利润　贷：管理费用

财务费用的账务处理
科目　财务费用
会计处理
发生财务费用　　借：财务费用　贷：银行存款等
期末结转至"本年利润"　　借：本年利润　贷：财务费用

利润

利润的构成

构成
收入减去费用后的净额
直接计入当期利润的利得和损失等

内容
营业利润=营业收入-营业成本-税金及附加-销售费用-管理费用-研发费用-财务费用+其他收益+投资收益（-投资损失）+净敞口套期收益（-净敞口套期损失）+公允价值变动收益（-公允价值变动损失）-信用减值损失-资产减值损失+资产处置收益（-资产处置损失）
利润总额=营业利润+营业外收入-营业外支出
净利润=利润总额-所得税费用

营业外收入与营业外支出

营业外收入

核算内容
非流动资产毁损报废收益
与企业日常活动无关的政府补助
盘盈利得
捐赠利得等

账务处理
科目　营业外收入
会计处理
企业处置非流动资产毁损报废收益　　借：固定资产清理等　贷：营业外收入
确认盘盈利得、捐赠利得　　借：库存现金等　贷：营业外收入
期末，结转至"本年利润"　　借：营业外收入　贷：本年利润

营业外支出

核算内容
非流动资产毁损报废损失
捐赠支出
盘亏损失
非常损失
罚款支出等

账务处理
科目　营业外支出
会计处理
企业确认处置非流动资产毁损报废损失　　借：营业外支出　贷：固定资产清理等
确认盘亏、罚款支出　　借：营业外支出　贷：待处理财产损溢等
期末，结转至"本年利润"　　借：本年利润　贷：营业外支出

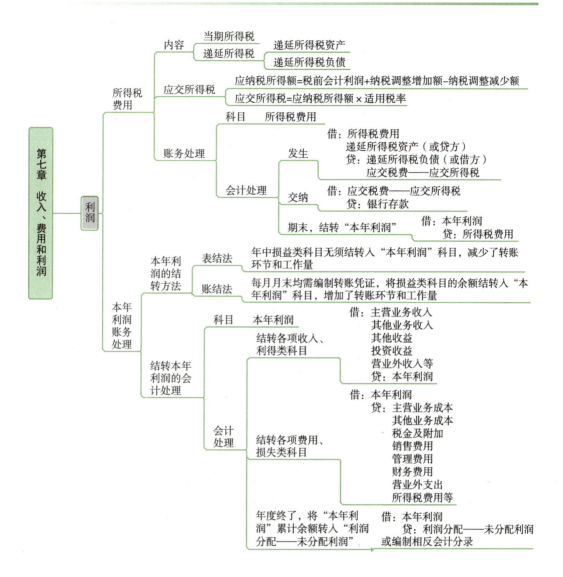

第八章 财务报告

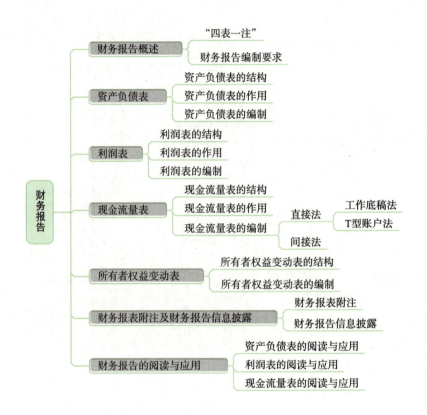

财务报告概念：企业对外提供的反映企业某一特定日期的财务状况和某一会计期间的经营成果、现金流量等会计信息的文件

包括财务报表和其他应当在财务报告中披露的相关信息和资料

第八章　财务报告

概述

财务报告体系

财务报表
- 资产负债表
- 利润表
- 现金流量表
- 所有者权益变动表
- 附注

"四表一注"

财务报告分类　按照编报时间
- 年报
- 中期报告

- 月度报告
- 季度报告
- 半年度报告

财务报告编制要求

- 依据各项会计准则确认和计量的结果编制财务报表
- 列报基础——持续经营
- 权责发生制
- 列报的一致性
- 依据重要性原则单独或汇总列报项目
- 总额列报
- 比较信息的列报
- 财务报表表首的列报要求

资产负债表

资产负债表概述

资产负债表的概念：是反映企业在某一特定日期的财务状况的报表，是对企业特定日期的资产、负债和所有者权益的结构性表述

资产负债表的结构原理

依据："资产=负债+所有者权益"这一平衡公式

构成内容
- 表首
  - 报表名称
  - 编制单位名称
  - 资产负债表日
  - 报表编号
  - 计量单位
- 表体　资产负债表的主体

表体格式
- 报告式资产负债表
- 账户式资产负债表（我国企业采用）

作用：帮助使用者全面了解企业的财务状况、分析企业的偿债能力等情况，从而为其作出经济决策提供依据

资产负债表的编制

资产负债表项目的填列方法

上年年末余额：根据上年年末资产负债表的"期末余额"栏内所列数字填列

期末余额
- 根据总账科目余额填列
- 根据明细账科目余额计算填列
- 根据总账科目和明细账科目余额分析计算填列
- 根据有关科目余额减去其备抵科目余额后的净额填列
- 综合运用上述填列方法分析填列

资产负债表项目的填列说明

资产项目填列说明
- "货币资金"项目，应根据"库存现金""银行存款""其他货币资金"科目期末余额的合计数填列
- "交易性金融资产"项目，应根据"交易性金融资产"科目的相关明细科目期末余额分析填列
- "应收票据"项目，应根据"应收票据"科目的期末余额，减去"坏账准备"科目中相关坏账准备期末余额后的金额分析填列
- "应收账款"项目，应根据"应收账款"科目的期末余额，减去"坏账准备"科目中相关坏账准备期末余额后的金额分析填列

第八章 财务报告 — 资产负债表 — 资产负债表概述 — 资产负债表的编制 — 资产负债表项目的填列说明 — 资产项目填列说明

"应收款项融资"项目，反映资产负债表日以公允价值计量且其变动计入其他综合收益的应收票据和应收账款等

"预付款项"项目，应根据"预付账款"和"应付账款"科目所属各明细科目的期末借方余额合计数，减去"坏账准备"科目中有关预付账款计提的坏账准备期末余额后的净额填列

"其他应收款"项目，应根据"应收利息""应收股利""其他应收款"科目的期末余额合计数，减去"坏账准备"科目中相关坏账准备期末余额后的金额填列

"存货"项目，应根据"材料采购""原材料""库存商品""周转材料""委托加工物资""发出商品""生产成本""受托代销商品"等科目的期末余额合计数，减去"受托代销商品款""存货跌价准备"科目期末余额后的净额填列。材料采用计划成本核算，以及库存商品采用计划成本核算或售价核算的企业，还应按加或减材料成本差异、商品进销差价后的金额填列

"合同资产"项目，应根据"合同资产"科目的相关明细科目期末余额分析填列，同一合同下的合同资产和合同负债应当以净额列示

　其中净额为借方余额的，应当根据其流动性在"合同资产"或"其他非流动资产"项目中填列，已计提减值准备的，还应以减去"合同资产减值准备"科目中相关的期末余额后的金额填列

　其中净额为贷方余额的，应当根据其流动性在"合同负债"或"其他非流动负债"项目中填列

"持有待售资产"项目，应根据"持有待售资产"科目的期末余额，减去"持有待售资产减值准备"科目的期末余额后的金额填列

"一年内到期的非流动资产"项目，应根据有关科目的期末余额分析填列

"债权投资"项目，应根据"债权投资"科目的相关明细科目期末余额，减去"债权投资减值准备"科目中相关减值准备的期末余额后的金额分析填列

"其他债权投资"项目，应根据"其他债权投资"科目的相关明细科目期末余额分析填列

"长期应收款"项目，应根据"长期应收款"科目的期末余额，减去相应的"未实现融资收益"科目和"坏账准备"科目所属相关明细科目期末余额后的金额填列

"长期股权投资"项目，应根据"长期股权投资"科目的期末余额，减去"长期股权投资减值准备"科目的期末余额后的净额填列

"其他权益工具投资"项目，应根据"其他权益工具投资"科目的期末余额填列

"固定资产"项目，应根据"固定资产"科目的期末余额，减去"累计折旧"和"固定资产减值准备"科目的期末余额后的金额，以及"固定资产清理"科目的期末余额填列

"在建工程"项目，应根据"在建工程"科目的期末余额，减去"在建工程减值准备"科目的期末余额后的金额，以及"工程物资"科目的期末余额，减去"工程物资减值准备"科目的期末余额后的金额填列

"使用权资产"项目，应根据"使用权资产"科目的期末余额，减去"使用权资产累计折旧"和"使用权资产减值准备"科目的期末余额后的金额填列

"无形资产"项目，应根据"无形资产"科目的期末余额，减去"累计摊销"和"无形资产减值准备"科目期末余额后的净额填列

```
                                                        ┌─ "开发支出"项目，应当根据"研发支出"科目所属的"资本化支
                                                        │   出"明细科目期末余额填列
                                                资产      ├─ "长期待摊费用"项目，应根据"长期待摊费用"科目的期末余额，
                                                项目      │   减去将于1年内（含1年）摊销的数额后的金额分析填列
                                                填列      ├─ "递延所得税资产"项目，应根据"递延所得税资产"科目的期末
                                                说明      │   余额填列
                                                        └─ "其他非流动资产"项目，应根据有关科目的期末余额填列

                                                        ┌─ "短期借款"项目，应根据"短期借款"科目的期末余额填列
                                                        ├─ "交易性金融负债"项目，应根据"交易性金融负债"科目的相关
                                                        │   明细科目期末余额填列
                                                        ├─ "应付票据"项目，应根据"应付票据"科目的期末余额填列
                                                        ├─ "应付账款"项目，应根据"应付账款"和"预付账款"科目所
                                                        │   属的相关明细科目的期末贷方余额合计数填列
                                                        ├─ "预收款项"项目，应根据"预收账款"和"应收账款"科目所属
                                                        │   各明细科目的期末贷方余额合计数填列
                                                        ├─ "合同负债"项目，应根据"合同负债"的相关明细科目期末余额
                                                        │   分析填列
                                                        ├─ "应付职工薪酬"项目，应根据"应付职工薪酬"科目所属各明细
                                                        │   科目的期末贷方余额分析填列
                                                        ├─ "应交税费"项目，应根据"应交税费"科目的期末贷方余额填列
                                                        ├─ "其他应付款"项目，应根据"应付利息""应付股利""其他应
                                                        │   付款"科目的期末余额合计数填列
                                        资产      负债      ├─ "持有待售负债"项目，应根据"持有待售负债"科目的期末余额
                                        负债      项目      │   填列
                                        表项      的填      ├─ "1年内到期的非流动负债"项目，应根据有关科目的期末余额分
                                        目的      列说      │   析填列
                                        填列      明        ├─ "长期借款"项目，应根据"长期借款"科目的期末余额，扣除
            资产                        说明              │   "长期借款"科目所属的明细科目中将在资产负债表日起一年内到
第八章       负债    资产    资产                          │   期且企业不能自主地将清偿义务展期的长期借款后的金额计算填列
财务报告     表     负债    负债                          ├─ "应付债券"项目，应根据"应付债券"科目的期末余额分析填列
            概述    表的                                  ├─ "租赁负债"项目，应根据"租赁负债"科目的期末余额填列
                    编制                                  ├─ "长期应付款"项目，应根据"长期应付款"科目的期末余额，减
                                                        │   去相关的"未确认融资费用"科目的期末余额后的金额，以及"专
                                                        │   项应付款"科目的期末余额填列
                                                        ├─ "预计负债"项目，应根据"预计负债"科目的期末余额填列
                                                        ├─ "递延收益"项目，应根据"递延收益"科目的期末余额填列
                                                        ├─ "递延所得税负债"项目，应根据"递延所得税负债"科目的期末
                                                        │   余额填列
                                                        └─ "其他非流动负债"项目，应根据有关科目期末余额，减去将于
                                                            1年内（含1年）到期偿还数后的余额分析填列

                                                        ┌─ "实收资本（或股本）"项目，应根据"实收资本（或股本）"
                                                        │   科目的期末余额填列
                                                        ├─ "其他权益工具"项目，反映资产负债表日企业发行在外的除普通
                                                        │   股以外分类为权益工具的金融工具的期末账面价值，并下设"优先
                                                所有      │   股"和"永续债"两个项目
                                                者权      ├─ "资本公积"项目，应根据"资本公积"科目的期末余额填列
                                                益项      ├─ "其他综合收益"项目，应根据"其他综合收益"科目的期末余
                                                目的      │   额填列
                                                填列      ├─ "专项储备"项目，应根据"专项储备"科目的期末余额填列
                                                说明      ├─ "盈余公积"项目，应根据"盈余公积"科目的期末余额填列
                                                        └─ "未分配利润"项目，应根据"本年利润"科目和"利润分配"
                                                            科目的余额计算填列
```

第八章 财务报告

利润表

利润表概述
- 利润表的概念　利润表又称损益表，是反映企业在一定会计期间的经营成果的报表
- 利润表的结构原理
  - 表首
    - 报表名称
    - 编制单位名称
    - 编制日期
    - 报表编号
    - 计量单位
  - 表体
    - 单步式
    - 多步式（我国企业采用）
- 利润表的作用
  - 有助于使用者分析判断企业净利润的质量及其风险，评价企业经营管理效率
  - 有助于使用者预测企业净利润的持续性，从而作出正确决策
  - 通过利润表，可以反映企业在一定会计期间的收入实现情况，可以反映企业一定会计期间的费用耗费情况
  - 可以反映企业一定会计期间净利润实现情况，分析判断企业受托责任的履行情况
  - 可以反映企业运用其资源的能力和效率，便于分析判断企业资金周转情况及盈利能力和水平，进而判断企业未来的盈利增长和发展趋势，作出相应经济决策

利润表的编制
- 利润表的编制要求　内容
  - 营业利润
  - 利润总额
  - 净利润
  - 其他综合收益的税后净额
  - 综合收益总额
  - 每股收益
- 利润表的填列方法
  - "营业收入"项目，应根据"主营业务收入"和"其他业务收入"科目的发生额分析填列
  - "营业成本"项目，应根据"主营业务成本"和"其他业务成本"科目的发生额分析填列
  - "税金及附加"项目，应根据"税金及附加"科目的发生额分析填列
  - "销售费用"项目，应根据"销售费用"科目的发生额分析填列
  - "管理费用"项目，应根据"管理费用"科目的发生额分析填列
  - "研发费用"项目，应根据"管理费用"科目下的"研发费用"明细科目的发生额以及"管理费用"科目下"无形资产摊销"明细科目的发生额分析填列
  - "财务费用"项目，应根据"财务费用"科目的相关明细科目的发生额分析填列
  - "其他收益"项目，应根据"其他收益"科目的发生额分析填列
  - "投资收益"项目，应根据"投资收益"科目的发生额分析填列。如为投资损失，本项目以"-"号填列
  - "净敞口套期收益"项目，应根据"净敞口套期损益"科目的发生额分析填列。如为套期损失，本项目以"-"号填列
  - "公允价值变动收益"项目，应根据"公允价值变动损益"科目的发生额分析填列。如为净损失，本项目以"-"号填列
  - "信用减值损失"项目，应根据"信用减值损失"科目的发生额分析填列
  - "资产减值损失"项目，应根据"资产减值损失"科目的发生额分析填列
  - "资产处置收益"项目，应根据"资产处置损益"科目的发生额分析填列。如为处置损失，本项目以"-"号填列
  - "营业利润"项目，反映企业实现的营业利润。如为亏损，本项目以"-"号填列
  - "营业外收入"项目，应根据"营业外收入"科目的发生额分析填列

第八章 财务报告
├─ 利润表
│　└─ 利润表的编制
│　　　└─ 利润表的填列方法
│　　　　　├─ "营业外支出"项目，应根据"营业外支出"科目的发生额分析填列
│　　　　　├─ "利润总额"项目，反映企业实现的利润。如为亏损，本项目以"-"号填列
│　　　　　├─ "所得税费用"项目，应根据"所得税费用"科目的发生额分析填列
│　　　　　├─ "净利润"项目，反映企业实现的净利润。如为亏损，本项目以"-"号填列
│　　　　　├─ "其他综合收益的税后净额"项目，反映企业根据企业会计准则规定未在损益中确认的各项利得和损失扣除所得税影响后的净额
│　　　　　├─ "综合收益总额"项目，反映企业净利润与其他综合收益（税后净额）的合计金额
│　　　　　└─ "每股收益"项目，包括基本每股收益和稀释每股收益两项指标，反映普通股或潜在普通股已公开交易的企业，以及正处在公开发行普通股或潜在普通股过程中的企业的每股收益信息
│
└─ 现金流量表
　　├─ 现金流量表概述
　　│　├─ 现金流量表的概念　反映企业在一定会计期间现金和现金等价物流入和流出的报表
　　│　└─ 现金流量表的结构原理
　　│　　　├─ 现金流量表的结构内容
　　│　　　│　├─ 基本结构设计　现金流入量-现金流出量=现金净流量
　　│　　　│　└─ 分类
　　│　　　│　　　├─ 经营活动产生的现金流量
　　│　　　│　　　├─ 投资活动产生的现金流量
　　│　　　│　　　└─ 筹资活动产生的现金流量
　　│　　　├─ 现金流量表的格式
　　│　　　│　├─ 基本原理　以权责发生制为基础提供的会计核算资料为依据，按照收付实现制基础进行调整计算
　　│　　　│　└─ 调整计算方法
　　│　　　│　　　├─ 直接法　以利润表中的营业收入为起算点调整计算经营活动产生的现金流量净额
　　│　　　│　　　└─ 间接法　以净利润为起算点调整计算经营活动产生的现金流量净额
　　│　　　└─ 现金流量表的作用
　　│　　　　　├─ 有助于揭示企业财务状况与经营成果之间的内在关系，便于会计报表使用者了解企业净利润的质量
　　│　　　　　├─ 有助于使用者了解企业支付能力、偿债能力和周转能力，进而预测企业未来的现金流量情况，为其决策提供有力依据
　　│　　　　　├─ 有利于会计报表使用者提高决策的质量和效率
　　│　　　　　└─ 有利于更好地发挥会计监督职能作用，改善公司治理状况，进而促进实现会计决策有用性和维护经济资源配置秩序、提高经济效益的目标要求
　　└─ 现金流量表的编制
　　　　├─ 现金流量表的编制要求
　　　　│　├─ 应当分别按照现金流入和现金流出总额列报
　　　　│　├─ 下列各项可以按照金额列报
　　　　│　│　├─ 代客户收取或支付的现金
　　　　│　│　├─ 周转快、金额大、期限短项目的现金流入和现金流出
　　　　│　│　├─ 金融企业的有关项目
　　　　│　│　│　├─ 短期贷款发放与收回的贷款本金
　　　　│　│　│　├─ 活期存款的吸收与支付
　　　　│　│　│　├─ 同业存款和存放同业款项的存取
　　　　│　│　│　├─ 向其他金融企业拆借资金
　　　　│　│　│　└─ 证券的买入与卖出
　　　　│　│　├─ 自然灾害损失、保险索赔等特殊项目，应当根据其性质，分别归并到经营活动、投资活动和筹资活动现金流量类别中单独列报
　　　　│　│　└─ 外币现金流量以及境外子公司的现金流量，应当采用现金流量发生日的即期汇率或按照系统合理的方法确定的、与现金流量发生日即期汇率近似的汇率折算
　　　　└─ 直接法
　　　　　　└─ 工作底稿法
　　　　　　　　├─ 第一步，将资产负债表的期初数和期末数分别过入工作底稿的期初数栏和期末数栏，将同期的利润表资料过入工作底稿
　　　　　　　　├─ 第二步，对当期业务进行分析，并编制调整分录
　　　　　　　　├─ 第三步，将调整分录逐笔过入工作底稿
　　　　　　　　├─ 第四步，核对工作底稿中各项目的借方、贷方合计数是否相等，若相等一般表明调整分录无误
　　　　　　　　└─ 第五步，根据工作底稿中的现金流量表项目部分编制正式的现金流量表

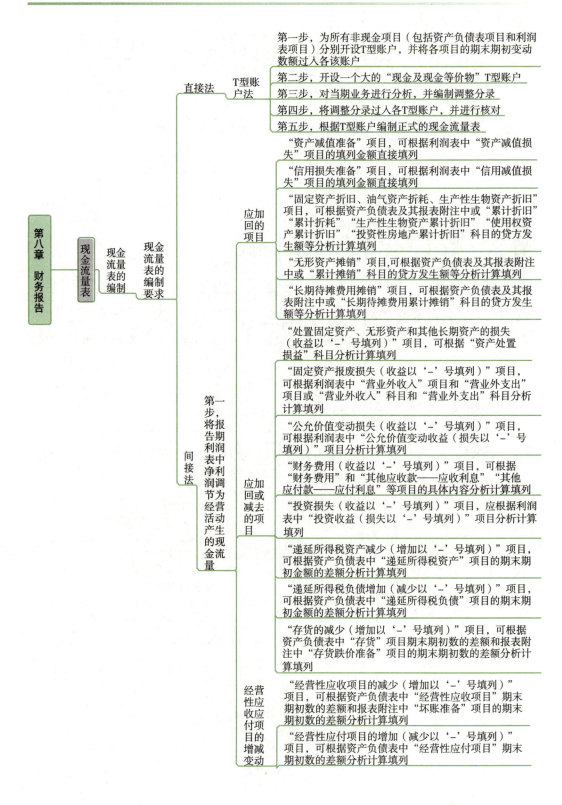

第八章　财务报告

现金流量表

现金流量表的编制

现金流量表的编制要求

直接法

T型账户法

第一步，为所有非现金项目（包括资产负债表项目和利润表项目）分别开设T型账户，并将各项目的期末期初变动数额过入各该账户

第二步，开设一个大的"现金及现金等价物"T型账户

第三步，对当期业务进行分析，并编制调整分录

第四步，将调整分录过入各T型账户，并进行核对

第五步，根据T型账户编制正式的现金流量表

间接法

第一步，将报告期利润表中净利润调节为经营活动产生的现金流量

应加回的项目

"资产减值准备"项目，可根据利润表中"资产减值损失"项目的填列金额直接填列

"信用损失准备"项目，可根据利润表中"信用减值损失"项目的填列金额直接填列

"固定资产折旧、油气资产折耗、生产性生物资产折旧"项目，可根据资产负债表及其报表附注中或"累计折旧""累计折耗""生产性生物资产累计折旧""使用权资产累计折旧""投资性房地产累计折旧"科目的贷方发生额等分析计算填列

"无形资产摊销"项目，可根据资产负债表及其报表附注中或"累计摊销"科目的贷方发生额等分析计算填列

"长期待摊费用摊销"项目，可根据资产负债表及其报表附注中或"长期待摊费用累计摊销"科目的贷方发生额等分析计算填列

应加回或减去的项目

"处置固定资产、无形资产和其他长期资产的损失（收益以'－'号填列）"项目，可根据"资产处置损益"科目分析计算填列

"固定资产报废损失（收益以'－'号填列）"项目，可根据利润表中"营业外收入"项目和"营业外支出"项目或"营业外收入"科目和"营业外支出"科目分析计算填列

"公允价值变动损失（收益以'－'号填列）"项目，可根据利润表中"公允价值变动收益（损失以'－'号填列）"项目分析计算填列

"财务费用（收益以'－'号填列）"项目，可根据"财务费用"和"其他应收款——应收利息""其他应付款——应付利息"等项目的具体内容分析计算填列

"投资损失（收益以'－'号填列）"项目，应根据利润表中"投资收益（损失以'－'号填列）"项目分析计算填列

"递延所得税资产减少（增加以'－'号填列）"项目，可根据资产负债表中"递延所得税资产"项目的期末期初金额的差额分析计算填列

"递延所得税负债增加（减少以'－'号填列）"项目，可根据资产负债表中"递延所得税负债"项目的期末期初金额的差额分析计算填列

"存货的减少（增加以'－'号填列）"项目，可根据资产负债表中"存货"项目期末期初数的差额和报表附注中"存货跌价准备"项目的期末期初数的差额分析计算填列

经营性应收应付项目的增减变动

"经营性应收项目的减少（增加以'－'号填列）"项目，可根据资产负债表中"经营性应收项目"期末期初数的差额和报表附注中"坏账准备"项目的期末期初数的差额分析计算填列

"经营性应付项目的增加（减少以'－'号填列）"项目，可根据资产负债表中"经营性应付项目"期末期初数的差额分析计算填列

第八章 财务报告

现金流量表

现金流量表的编制
- **现金流量表的编制要求**
  - **间接法**
    - 第二步，分析调整不涉及现金收支的重大投资和筹资活动项目
      - 债务转为资本
      - 1年内到期的可转换公司债券
      - 融资租入固定资产
    - 第三步，分析调整现金及现金等价物净变动情况
      - 本项目可根据资产负债表中"货币资金"项目及现金等价物期末期初余额及净增减额分析计算填列
    - 第四步，编制正式的现金流量表补充资料
      - 可采用工作底稿法或T型账户法
      - 也可根据有关会计科目记录分析填列

所有者权益变动表

所有者权益变动表的基本原理
- **所有者权益变动表的概念**
  - **概念**：反映构成所有者权益各组成部分当期增减变动情况的报表
  - **作用**
    - 通过所有者权益变动表，既可以为财务报表使用者提供所有者权益总量增减变动的信息，也能为其提供所有者权益增减变动的结构性信息，特别是能够让财务报表使用者理解所有者权益增减变动的根源
    - 所有者权益增减变动表将综合收益和所有者（或股东）的资本交易导致的所有者权益的变动分项列示，有利于分清导致所有者权益增减变动缘由与责任，对于考察、评价企业一定时期所有者权益的保全状况、正确评价管理当局受托责任的履行情况等具有重要的作用
- **所有者权益变动表的内容**
  - **应单独列示的项目**
    - 综合收益总额
    - 会计政策变更和差错更正的累积影响金额
    - 所有者投入资本和向所有者分配利润等
    - 提取的盈余公积
    - 实收资本、其他权益工具、资本公积、其他综合收益、专项储备、盈余公积
    - 未分配利润的期初和期末余额及其调节情况
  - **所有者权益变动表的主要项目内容**
    - "上年年末余额"项目
    - "会计政策变更""前期差错更正"项目
    - "本年增减变动金额"项目
      - "综合收益总额"项目
      - "所有者投入和减少资本"项目
        - "所有者投入的普通股"项目
        - "其他权益工具持有者投入资本"项目
        - "股份支付计入所有者权益的金额"项目
      - "利润分配"项目
      - "所有者权益内部结转"项目
        - "资本公积转增资本（或股本）"项目
        - "盈余公积转增资本（或股本）"项目
        - "盈余公积弥补亏损"项目
        - "设定受益计划变动额结转留存收益"项目
        - "其他综合收益结转留存收益"项目
- **所有者权益变动表的结构**
  - **纵横交叉的矩阵式结构**
    - 纵向结构
      - 上年年末余额
      - 本年年初余额
      - 本年增减变动额
      - 本年年末余额
    - 横向结构
      - 本年金额
      - 上年金额
- **所有者权益变动表的填列方法**
  - **上年金额栏的填列方法**：根据上年度所有者权益变动表"本年金额"栏内所列数字填列
  - **本年金额栏的填列方法**：根据资产负债表所有者权益项目金额或"实收资本（或股本）""其他权益工具""资本公积""库存股""其他综合收益""专项储备""盈余公积""利润分配""以前年度损益调整"等科目及其明细科目的发生额分析填列

```
                                         ┌─ 附注的编制和披露，是对资产负债表、利润表、现金流量表和所有者权益变动表列示
                                         │   项目含义的补充说明，以帮助财务报表使用者更准确地把握其含义
                              附注的      │
                              作用 ───────┼─ 附注提供了对资产负债表、利润表、现金流量表和所有者权益变动表中未列示项目的
                                         │   详细或明细说明
                                         │
                                         └─ 通过附注与资产负债表、利润表、现金流量表和所有者权益变动表列示项目的相互参
                                             照关系，以及对未能在财务报表中列示项目的说明，可以使财务报表使用者全面了解
                                             企业的财务状况、经营成果和现金流量以及所有者权益的情况

                                         ┌─ 企业简介和主要财务指标
                                         ├─ 财务报表的编制基础
             财务报表                     ├─ 遵循企业会计准则的声明
             附注及                       ├─ 重要会计政策和会计估计
             财务报      附注的主要内容 ──┼─ 会计政策和会计估计变更以及差错更正的说明
             告信息                       ├─ 报表重要项目的说明
             披露                         ├─ 或有和承诺事项、资产负债表日后非调整事
             要求                         │   项、关联方关系及其交易等需要说明的事项
                                         └─ 有助于财务报表使用者评价企业管理资本的目标、政策及程序的信息

                                         ┌─ 财务报告信息 ─── 财务报告信息披露，又称会计信息披露，是指企业对外发布有关
                                         │   披露的概念      其财务状况、经营成果、现金流量等财务信息的过程
                              财务报告    │
                              信息披露    │                        ┌─ 真实
                              的要求 ─────┤                        ├─ 准确
                                         └─ 财务报告信息披露的基本要求 ─┼─ 完整
                                                                   ├─ 及时
第八章                                                              └─ 公平
财务报告

                                         ┌─ 资产的存在状 ─── 阅读资产负债表中"资产"资料，获取企业拥有或控制的
                                         │   态及其分布      经济资源总量及配置状况的结构性信息，包括资产总额和
                                         │                  资产结构的信息
                                         │
                                         │                        ┌─ 负债的规模及 ─── 阅读资产负债表中"负债"资料，获取
                                         │                        │   其构成状况      企业在一定时期内需要偿还的债务的总
                                         │                        │                  量和债务状况的结构性信息，了解掌握
                              资产负债表   │   负债及所有者权     │                  企业拥有或控制资产中运用负债获取资
                              的阅读与     ├─ 益的构成状况 ──────┤                  金来源的状况，包括负债总额和负债结
                              应用         │                        │                  构性的信息
                                         │                        │
             财务报                        │                        └─ 所有者权益的 ─── 阅读资产负债表中"所有者权益"资料，
             告的阅                        │                           规模及其构成      获取企业股权融资和盈利积累资金的总量
             读与应                        │                           状况              以及所有者权益状况的结构性信息，了解
             用                           │                                           掌握企业拥有或控制资产中运用股权融资
                                         │                                           和盈余积累获取资金来源的状况，包括所
                                         │                                           有者权益总额及其结构性的信息
                                         │
                                         │   整体财务状 ─── 阅读资产负债表资料，获取企业整体财务状况的结构性信息，
                                         └─ 况的阅读与      厘清企业资金的来龙去脉关系，对企业财务状况作出基本评价，
                                             应用           预测企业财务状况的基本变化趋势和发展前景

                                         ┌─ 净利润和综 ─── 阅读利润表中净利润和综合收益总额资料，获取企业经营成果
                              利润表的    │   合收益总额      和实现经济效益的信息，评价企业一定会计期间的经营情况
                              阅读与应    │
                              用 ─────────┤
                                         └─ 利润的构成 ─── 阅读利润表中营业利润、利润总额、净利润等项目资料，获取
                                             情况           企业利润构成信息，评价企业利润质量和盈利能力
```

第八章　财务报告	财务报告的阅读与应用	现金流量表的阅读与应用	现金流量及其结构	阅读现金流量表中"现金及现金等价物净增加额"项目，获得现金增减净额信息，评价企业现金支付能力。阅读现金流量表中经营活动、投资活动、筹资活动产生现金流量净额以及汇率变动对现金及现金等价物的影响，获得现金流量的结构性信息和现金流量的来龙去脉，评价现金流量的质量
			经营活动产生的现金流量及其结构	阅读现金流量表中经营活动产生的现金流量及其具体项目，获得经营活动产生的现金流量的详细信息，评价企业经营活动产生的现金流量
			投资活动产生的现金流量及其结构	阅读现金流量表中投资活动产生的现金流量及其项目，获得投资活动产生的现金流量的详细信息，评价企业投资活动产生的现金流量
			筹资活动产生的现金流量及其结构	阅读现金流量表中筹资活动产生的现金流量及其项目，获得筹资活动产生的现金流量的详细信息，评价企业筹资活动产生的现金流量
			现金流量表补充资料 阅读现金流量表补充资料，获取经营活动产生现金流量的补充性结构信息，评价企业经营活动现金流量和利润的质量	现金流量表补充资料提供将净利润调节为经营活动现金流量、不涉及现金收支的重大投资和筹资活动和现金及现金等价物净变动情况三方面的结构性信息
				现金流量表补充资料进一步补充列示说明企业净利润与经营活动现金流量净额之间的关系。如果经营活动现金流量净额大于同期净利润额，一般说明收到的现金高于同期实现的净利润额，表明利润的质量好；反之，则表明利润的质量较差